거인의 마음을 훔친 인생 잠언

데일 카네기

비밀의 문장

거인의 마음을 훔친 인생 잠언

데일 카네기
비밀의 문장

Dale Carnegie's Scrapbook:
A Treasury of the Wisdom of the Ages

데일 카네기 엮음
이정란 옮김

d.
월요일의꿈

목차

2 새날이 오나니…… 명심하라

3 크리스마스에는 미소를

4 지옥이 시작되는 날

어떤 질문에 대한 답을 명확히 알고 있다고 단언할 수 있을까? 절대 그렇지 않다. 그 누구도 수수께끼 같은 인생에 대해 모두 설명할 수 없다. 우리 주위는 온통 수수께끼로 뒤덮여 있다. 인간의 신체 작용이나 꽃, 파란 잔디…… 이 모든 것이 수수께끼로 가득 차 있다.

재앙이나 비극을 견뎌 내고
성공을 만들어 내야만 한다면,
누구나 해낼 수 있다.
우리에게는 놀라울 정도로 강한,
(수수께끼 같은) 내면의 힘이 존재한다.
우리는 스스로가 생각하는 것보다 훨씬 더 강한 존재다.

데일 카네기

1

머리를 세우고
턱을 끌어당겨라

그때야말로

두려운가?

그렇다면 아직은 손 쓸 여지가 있다는 뜻이다.

정말 아무것도 할 수 없는 상황인가?

그때야말로

두려움을 떨쳐 내고 용기로 맞서 싸워야 한다.

원스턴 처칠

자신에 대해 살펴보기

스스로가 어떤 존재인지, 혹시 살펴보았는가?
스스로를 들여다보고
'그래, 내가 그 부분에서 분명 처참하게 실패한 거지.
불필요하게 다른 사람의 기분을 상하게 했어.
절대 고의로 그랬을 리는 없지만,
그래도 성질을 부리고 말았지'라고
말할 용기가 없다면
이는 스스로에 대해 제대로 아는 것이 아니다.

드와이트 아이젠하워

나 자신이 동의하지 않는 한
그 누구도 나에게
열등감을 느끼게 할 수 없다

나는 어린 시절 내내 다른 사람들에게 주목받기를 간절히 바랐다. 나 같은 아이는 절대로 다른 이들의 눈에 들 리 없고, 예쁘다는 칭찬을 받을 리 만무하다고 생각했기 때문이다. 남자 친구가 있는 언니나 동생들과 달리 내게는 설대로 애인이 생기지 않을 거라는 이야기를 줄곧 들어 왔다. 나는 미운 오리 새끼였으니까…….

어린 시절 난 부끄러움이 참 많았다. 이모들이 입었던 옷을 고쳐 입어야만 했고, 다른 자매들처럼 춤을 잘 추거나 스케이트를 잘 타지 못했다. 다른 자매들과 난 너무 달랐고, 무도회에 가도 춤출 상대 하나 없는 인기 없는 아이였기에 나 자신이 부끄러웠다. 그랬던 내게 크리스마스 파티에서 함께 춤을 추자고 한 소년이 있었고, 그때 너무 감사했던 기억이 아직도 생생하다. 그 소년의 이름은 프랭클린 루스벨트였다.

20년이 넘는 시간 동안 나는 열등감과 두려움에 사로잡혀 있었다. 우리 가문은 엄마와 할머니, 그리고 이모들까지 모두 뉴욕 사교계에서 쟁쟁한 미인들이었는데, 어째서 나만 못생긴 아이로 태어났는지, 정말 부끄러워 견딜 수가 없었다. 엄마는 사람들에게 나를 소개할 때마다 이렇게 말씀하시곤 했다. "엘리너는 참 재미있는 아이랍니다. 이 애는 행동하는 게

노인 같아서 가족들이 '할머니'라고 부르죠."

이랬던 내가 열등감과 두려움을 이기고 용기를 가질 수 있게 된 건 나보다 힘든 환경에 처해 있던 이들을 도우면서부터다. 돌아보니 이 세상에서 두려움만큼 마음을 해치는 감정은 없다. 나는 나보다 어려운 이들을 도우면서 두려움과 싸웠고, 결국 그 해묵은 감정을 극복해 냈다. 두려워서 손 쓸 엄두도 나지 않던 일들을 어떻게든 해낸다면 누구든 두려움을 극복해 낼 수 있다고 믿는다. 그러기 위해서는 성공의 경험이 계속해서 쌓일 때까지 두려워하던 일들에 도전해야만 한다.

나 자신이 동의하지 않는 한 그 누구도 나에게 열등감을 느끼게 할 수 없다.

엘리너 루스벨트

'만약에'의 힘

비록 우리는 이 세상밖에 볼 수 없지만, 이 세상은 보다 큰 세계의 일부일지도 모른다. 그렇게 큰 세계가 존재한다고 믿는 것은 이 세상에서 우리의 삶이 수행해야만 하는 가장 큰 임무일 것이다. 우리가 수행해야만 하는 '과학적인 삶' 자체는 '만약에'라는 말에 의해 결정된다. '만약에'라는 말을 빼면 승리도, 성실한 행동도, 용기 있는 행동도 할 수 없다. '만약에'라는 말이 있어야 봉사도 관용도 과학적 탐사나 실험도, 혹은 과학 교과서를 쓰는 것도 제대로 이뤄질 수 있다. 우리가 이렇게 살아갈 수 있는 것도 위험을 무릅쓰고 계속해서 '만약에'라는 말을 실현해 나가기 때문이다. 그리고 이 신념이 반드시 있어야만 증명되지 않았던 일도 결국 실현할 수 있다.

윌리엄 제임스

용기와 가짜 수염

용감해지기 위해 마치 용감한 사람인 것처럼 행동하고, 이를 위해 그대의 모든 의지를 활용하라. 그렇게 하면 용기가 두려움이라는 감정의 자리를 완전히 대체할 가능성이 크다.[i]

할 수 있다고 믿는 자는 해낼 수 있다. 하루하루의 두려움을 극복하지 않는 자는 인생의 첫 수업조차 시작하지 않은 자다.[ii]

네가 두려워하는 일을 하라. 그러면 그 두려움은 분명 사라지게 된다.[iii]

궁지에 몰린 청년이 용기를 내 세상이라는 거대한 적의 턱수염을 잡아당겼는데, 웬걸, 바로 뽑혀 버리는 경우가 있다. 가만히 보니 그 수염은 용기 없는 자를 쫓아내기 위해 만들어 놓은 가짜 수염이었다는 사실에 그저 놀랄 뿐이다.[iv]

i 윌리엄 제임스
ii~iv 랠프 월도 에머슨

머리를 세우고 턱을 끌어당겨라

집을 나설 때는 턱을 끌어당긴 바른 자세로, 가슴 깊이 공기를 들이마시자. 내리쬐는 햇살을 마음껏 즐기고, 웃으며 친구를 반겨 주며, 영혼을 담아 악수하라. '혹시 오해를 사지 않을까' 하고 두려워하지 말며, 적대자를 생각하는 데는 단 1분조차 낭비하지 마라.

무엇을 하고 싶은지 마음속에 확고하게 정리하라. 그러면 방향을 틀지 않고 그 목표를 향해 곧장 나아가게 될 것이다.

하고 싶은 위대하고 멋진 일들에 온 마음을 집중하라. 그러면 바닷속 산호초가 아무도 모르게 영양분을 섭취하듯 어느덧 세월이 지나 스스로 바라던 기회가 손안에 들어오게 될 것이다.

머릿속에서 내가 바라는 유능하고 성실하며 도움이 되는 사람의 모습을 그려라. 그러면 그 생각이 나 자신의 모습으로 계속해서 바뀌어 갈 것이다.

생각의 힘은 대단하다. 용기와 솔직함, 좋은 기분으로 올바른 정신 상태를 유지하라. 옳게 생각하는 것이 바로 새로운 것을 만들어 내는 길이다. 모든 일은 간절한 바람을 통해 이루어지고 신실하게 기도하는 자는 응답받는다. 우리의 마음을 고치는 일도 이와 마찬가지다.

턱을 끌어당기고 머리를 높이 세우라. 그러면 인간은 신에게 한 발짝 더 가까이 다가가게 된다.

엘버트 허버드

어른의 조건

꿈을 꾸되 꿈의 노예가 되지 않고,
생각하되 그 생각에 집착하지 않으며,
성공과 실패를 모두 경험하게 되더라도
이 둘을 똑같은 것으로 여길 수 있다면,

심장과 신경, 힘줄이 이미 오래전에 쇠하였더라도
그것들이 쓸모 있게 움직일 수 있도록 하고,
마침내 아무것도 남아나지 않아
오직 의지가 "견뎌 내야만 해"라고 말할 때까지 버텨 낼 수
　　있다면

만일 누군가를 용서할 수 없는 1분이라는 시간을
60초 달리기로 채울 수 있다면
이 세상 모든 것은 너의 것이며
비로소 너는 한 사람의 어른이 된다, 아들아.

조지프 러디어드 키플링

행동 의지

우리의 행동 의지는 행동의 빈도와 정확성에 비례해 강해지고, 뇌는 그 의지의 실현에 따라 성장한다. 그런 뒤에라야 진실로 신념이 구현되는 것이다. 우리의 단호한 의지가 결실을 맺지 못한 채 공중으로 사라지게 되면, 이는 기회의 상실 그 이상을 의미한다. 실제로 미래의 목표를 성취하는 일이 늦어지게 되고 뜨거웠던 감정 또한 차갑게 식어버리고 만다. 우리는 추상적인 것에는 엄청난 용기를 내지만, 구체적인 일 앞에서는 그렇지 못하다. 이는 우리 스스로가 일상적인 용기의 조각들이 증발해 사라지도록 허용했기 때문이다.

헬렌 켈러

운명의 조언

황야에서 길을 잃고 어린아이처럼 두려워할 때,

그리고 죽음이 너를 바라볼 때,

정해진 대로라면 너는 절망한 채

긴총을 들고…… 생을 마감할 것이다.

하지만 인간의 규범은 이렇게 말한다. "할 수 있는 한 계속

　　싸워라."

자살은 금지된 행위

배고픔과 슬픔 속에서, 이를 택하기 쉽지만……

힘든 것은 지옥 같은 아침식사다

너는 자신과의 승부에 질렸다! "그러게, 이제는 부끄럽네."

그래도 너는 젊고 용감하고 똑똑하다.

"하지만 당신은 너무 가혹했어!" 나도 알지만, 꽥꽥거리며 불

　　평하지 마라.

기운을 내고, 최선을 다해, 싸워라.

오늘을 싸워 이기게 하는 것은 끈기 있게 해내는 것

그러니 소심하게 굴지 말라!

너의 끈기에 의지하라. 그만두는 것은 아주 쉬운 일

힘든 것은 계속해서 붙잡고 버티는 일이다

패배했다고 울다가 죽는 건 쉬운 일이다.

꽁무니를 빼고 기어가는 것 또한 쉬운 일이다.

하지만 희망이 보이지 않을 때 싸우고 또 싸우는 것은

그 모든 것 중 가장 위대한 승부다!

비록 너는 매번 힘든 싸움을 해서

부서지고 패배하며 상처를 입었겠지만,

한 번만 더 시도해 보라. 죽는 건, 정말 쉬운 일

힘든 것은 계속해서 살아가는 일이다

로버트 서비스

역경의 날에 기억해야 할 것

이 세상 모든 것은 희망이 만들어 낸 결과물이다. 씨앗이 자라 싹이 틀 거라는 희망이 없다면 농부는 밭에 씨를 뿌리지 않는다. 이익을 얻을 거라는 희망이 없다면 상인은 장사를 시작하지 않는다.[i]

용기가 빠진 지혜는 소용없고, 희망이 없는 신념도 소용없다. 희망이 불운과 악을 견디고 극복할 수 있게 해 주기 때문이다.[ii]

"네가 역경의 날에 낙담하면 네 힘은 미약해지느니라."[iii]

가장 큰 영광은 한 번도 실패하지 않는 것이 아니라 실패할 때마다 다시 일어서는 데 있다.[iv]

---

i~ii 마르틴 루터
iii 《구약성경》〈잠언〉 24장 10절
iv 공자

궁지에 몰린 날

슬픔아, 불평을 멈추고 고요히 머물라
구름 뒤에 태양이 빛나고 있다
그대의 운명은 모든 이들의 공통된 운명이니
각자의 삶에는 분명 비도 내릴 것이다
어둡고 우울할 날들도 있을지니[i]

궁지에 몰려 있고,
모든 상황이 불리해 보일 때,
단 1분도 버티지 못할 지경이 될 때까지
절대로 포기하지 마라.
포기하지 않으면 바로 그때,
그곳에서 상황은 역전된다.[ii]

i 헨리 워즈워스 롱펠로
ii 해리엇 비처 스토

인생 잠언 1

이것이 바로 자신을 격려하는 비결이다.
스스로에게 이렇게 말하라.
"그다지 똑똑하지도 않고
분명 나보다 나을 것 없는 수많은 이들도
내가 이해하지 못할 정도로 어려운 문제를 해결했는데,
나라고 못 할 게 뭐가 있겠나!"[i]

우리가 바라고 추앙하는 용기란,
고상하게 죽을 용기가 아니라
대담하게 살 용기다.[ii]

고통받을 일에 대해 걱정하는 사람은
이미 그 두려움 때문에 고통받고 있다.[iii]

i 윌리엄 페더
ii 토머스 칼라일
iii 미셸 드 몽테뉴
iv 프랑수아 드 라 로슈푸코

현명한 사람은
아무리 불행한 곳에서 살아도
어떻게 해서든지 그 안에서 작은 이익을 찾아낸다.
하지만 어리석은 사람은
아무리 행복한 환경에서 살아도
그 안에서 마음의 상처를 입는다.[iv]

두꺼비처럼 못생겼지만

번영은 훌륭한 스승이다.

하지만 역경은 그보다 더 훌륭한 스승이다.

부유함은 마음을 풍요롭게 한다.

하지만 빈곤은 마음을 단련시킨다.[i]

역경은 우리에게 아름다운 것을 부여한다

두꺼비처럼 못생기고 독까지 품고 있지만

그 머릿속에는 귀한 보석을 감추고 있다[ii]

i 윌리엄 해즐릿
ii 윌리엄 셰익스피어

A현이 끊어지더라도

실패는 교훈을 남겨 준다.
제대로 생각할 줄 아는 사람은
성공에서 배우듯
실패 가운데서도
많은 것을 배운다.[i]

"나는 재앙과 같은 일이 일어날 때마다
그것을 좋은 기회로 바꾸기 위해 노력해 왔다."[ii]

A현이 끊어지더라도
나머지 세 현으로
연주를 마치는 것,
이것이 바로 인생이다.[iii]

i 존 듀이
ii 존 D. 록펠러
iii 해리 에머슨 포스딕

폐허 위에서

가슴에 소중히 여겨온 계획들이
폐허가 된 곳에서
우리는 비로소 천국에 오르게 된다.
그동안 실패라고 생각했던 것들이
실은 성공이었다는 사실을 알게 되면서…….[i]

직접 쓴맛을 맛보지 않은 사람은
단맛이 어떤 것인지 모른다.[ii]

i 에이머스 브론슨 올콧
ii 독일 속담

그가 열차 사고로
한쪽 다리를 잃은 뒤 한 말

인생에서 가장 중요한 건 이익을 잘 활용하는 데 있지 않다. 사실 그건 바보라도 할 수 있다. 진정 중요한 것은 손실을 이익으로 만드는 것이다. 이를 위해서는 지혜가 필요하다. 지혜로운 사람과 어리석은 사람의 차이가 여기에서 드러난다.

월리엄 볼리토

큰 마음의 조건

큰 마음에는 목표가 있지만,
작은 마음에는 소망만 있다.
작은 마음은 불운에 길들여져 정복되지만,
큰 마음은 불운을 딛고 솟구쳐 오른다.[i]

그가 불운을 어떻게 견뎌 내는지를 보면
그 사람의 크기를 가늠할 수 있다.[ii]

i 워싱턴 어빙
ii 플루타르코스

새날이 오나니……
명심하라

하루하루, 지금밖에는

하루하루를 뒤돌아봤을 때
재밌고 즐겁고 만족감이 있었던 하루라고
생각되지 않는다면,
그날은 손해를 본 것이나 다름없다.[i]

무엇보다
우리는 현재밖에는 살 수 없다.
과거를 돌아보면서
이미 지나간 그 어떤 순간도
헛되이 보내지 않았다고 말할 수 있는 사람은
그 누구보다 축복받은 사람이다.[ii]

i 드와이트 아이젠하워
ii 헨리 데이비드 소로

의도가 아무리 좋은들

아무리 고매한 격언을 많이 알고 있고,
아무리 좋은 기질을 가지고 있어도,
구체적인 기회가 왔을 때
이를 행동으로 옮기지 않는다면
그의 인격은 결코 향상되지 않는다.
속담에도 있듯,
지옥으로 가는 길은
실행되지 않은 선한 의도로 포장되어 있다.

월리엄 제임스

하루를 잘 마무리하기

하루하루를 잘 마무리하라.

할 수 있는 일은 그래도 끝냈다.
물론 어리석은 실수나
황당한 일도 좀 있었겠지만
그 일들은 가능한 빨리 잊어버려라.
내일은 새로운 날.
그래야 내일 하루도 제대로,
침착하게 시작할 수 있을 것이다.[i]

내일을 시작하기 전에
오늘 일을 완전히 끝마치라.
그리고 오늘과 내일 사이에는
'충분한 잠'이라는
견고한 벽을 놓아두라.
이를 위해서는
절제하는 자세가 필요하다.[ii]

i ~ ii 랠프 월도 에머슨

시간을 대하는 자세

과거의 기억으로

스스로를 괴롭히는 사람이 있고,

다가오지도 않은 문제를 걱정하며

스스로를 괴롭히는 사람도 있다.

둘 다

어리석기 짝이 없다.

과거는

더 이상 우리와 상관없는 일이고,

미래는

아직 오지 않았으니…….[i]

주어진 시간이 얼마 없다고

늘 불평하면서,

우리는 마치

시간이 한없이 있는 것처럼 행동한다.[ii]

i~ii 세네카

신이 우리에게 남긴 것

우리 손안에 들어오는
수많은 작은 일들,
그러니까
하루하루가 가져다주는
작은 기회들은
신께서 우리를 위해 남겨 두신 것이다.
이 기회를
어떻게 활용할지는 우리의 몫,
그는
상관하지 않은 채
조용히 스스로의 길을 가신다.

헬렌 켈러

내일 일은……

내일 일을 위하여
염려하지 말라.
내일 일은
내일이 염려할 것이요.
한 날의 괴로움은
그날로 족하니라. [i]

구하라
그리하면 너희에게 주실 것이요
찾으라
그리하면 찾아낼 것이요
문을 두드리라
그리하면 너희에게 열릴 것이니. [ii]

i 《신약성경》 〈마태복음〉 6장 34절
ii 《신약성경》 〈마태복음〉 7장 7절

인간만 모르는 것

1분 1초를 소중히 여겨라.
그러면 소중한 시간이
저절로 모일 것이다.[i]

시간의 진정한 가치에 대해 알아 두라.
시간을 낚아채고,
꽉 붙잡은 상태로
모든 순간을 즐겨라.
게으름이나 나태함,
일을 미루는 태도 따위는
모두 버려라.
절대로 오늘 할 수 있는 일을
내일까지 미루지 마라.[ii]

지금 이 순간이
항상 최고의 순간이다.
지금 저녁 식사 시간에 5분 늦은 것이
10년 전 슬펐던 일보다
훨씬 더 중요하다.[iii]

인생의 가장 중요한 과업이 바로

인생 자체를 즐기는 것이라는 사실을,

인간을 제외한 모든 동물은 잘 알고 있다.[iv]

i~ii 체스터필드 경
iii~iv 새뮤얼 버틀러

새날이 오나니…… 명심하라

여기 또 다른 푸르른 새날이 밝아 오고 있나니
명심하라, 당신의 그날을 또다시 흘려보내려는가?

이 세날은 영원에서 태어나
밤이 되면 다시 영원으로 돌아가리니

시간 앞에서 그것을 보나 아무도 그것을 본 일이 없고
그것은 곧 모든 이들의 눈에 영원히 보이지 않게 되리

여기 또 다른 푸르른 새날이 밝아 오고 있나니
명심하라, 당신의 그날을 또다시 흘려보내려는가?

토머스 칼라일

벤저민 디즈레일리의 성공 비법

인생에서 성공하는 비법은

기회가 왔을 때

그것을 바로 낚아챌 수 있는

준비된 자가 되는 것이다.[i]

기회를 언제 붙잡느냐는 것 다음으로

중요한 것은 이익을 포기할 때를 아는 일이다.[ii]

i ~ ii 벤저민 디즈레일리

건축가

세상 모든 사람은 운명과 시간 속에서
집을 짓는 건축가라네
엄청난 업적을 남긴 자도 있고,
자그마한 장식을 더한 이도 있네

쓸모없는 것이란 없고
모든 물건은 제자리에 있을 때 가장 좋은 법
별것 없어 보이는 것들도
나머지를 돋보이게 해 준다네

과거 시절의 예술에서
건축가들은 매시간 보이지 않는 부분까지도
매우 섬세하게 일했네
신이 그 어디에서든 지켜보고 있으니

우리도 우리의 일을 해야 하네
보이든, 보이지 않든
신이 거처할 수 있는 집을 만들라
아름답고, 완전하고, 깨끗하게

그렇지 않으면 시간의 벽 속에,
오르려 할 때 발이 비틀거리는
부서진 계단에 서 있는
우리의 삶은 불완전하리니

그러니 견고하고 넉넉한 기반을 바탕으로
오늘을 강력하고 확실하게 건축하라
그러면 내일은 안전하고 상승하면서
제자리를 찾게 될 것이네

이렇게 해야만 우리는 저 높이 있는
작은 탑을 얻을 수 있네
그 탑에서는 세상이 하나의 광활한 평원으로 보이고,
무한한 하늘이 펼쳐진다네

헨리 워즈워스 롱펠로

행복한 그 남자

행복한 그 남자, 스스로 행복한 그 남자는,
오늘은 자신의 것이었다고 말할 수 있는 사람이며,
"내일이여, 그대의 최악을 행하라, 나는 오늘을 살아 냈으니"
　　라고
평온한 마음으로 말할 수 있는 사람이다.

호라티우스

400년 된 거목의 죽음

콜로라도주 롱피크의 경사지에는 거목의 잔해가 놓여 있다. 식물학자들에 따르면 그 나무의 수령은 400년가량 되었다고 한다. 콜럼버스가 엘살바도르에 처음 상륙할 때 어린 묘목이었고, 영국의 청교도들이 플리머스에 정착하기 시작할 때는 반쯤 자란 상태였다. 기나긴 세월을 지나면서 열네 번이나 벼락을 맞았고, 수많은 눈사태와 폭풍우에 시달렸다. 이 모든 시련에도 굳세게 버텨 냈던, 하지만 이 거목은 결국 투구풍뎅이를 이겨 내지 못하고 쓰러지고 말았다. 투구풍뎅이는 나무의 껍질을 조금씩 파고 들어가 끊임없이 공격함으로써 거목의 내부를 파괴했다. 벼락에도, 폭풍에도 몇백 년 동안 꿈쩍하지 않았던 거목이, 사람이 두 손가락으로 눌러 죽일 수 있는 조그만 벌레로 인해 쓰러지고 말았다.

해리 에머슨 포스딕

행복이 있는 곳

행복은 경험하는 것
사물 그 자체에 존재하는 게 아니다
행복이란 스스로를 행복하게 만드는,
자신이 좋아하는 무언가를 갖는 것,
결코 다른 사람이 열망하는 무언가를 갖는 게 아니다.[i]

행복,
혹은 불행은
운보다 그 사람의 기질에 달려 있다.[ii]

i~ii 프랑수아 드 라 로슈푸코

모래시계 같은 인생

우리 삶의 실제 모습은 어떨까? 책상 위에 모래시계가 하나 있다고 상상해 보라. 호리병 모양의 위쪽 유리가 아래쪽 유리와 매우 얇은 관으로 연결되어 있어 한 번에 아주 약간의 모래알만이 통과할 수 있다. 이 모래시계가 바쁘게 지내는 우리 삶의 모습이다. 복잡하고 바쁜 일들이 항상 같은 시간에 몰려온다. 참 신기하게도 여러 가지 일과 문제, 긴박한 상황들이 한꺼번에 동시에 일어난다.

제임스 고든 길키

기도해야 할 것

하느님,

바꿀 수 없는 것을 받아들일 수 있는 평온함을,

바꿀 수 있는 것을 바꿀 수 있는 용기를,

그리고 그 차이를 구별할 수 있는 지혜를

저에게 허락하소서.

라인홀드 니버

한 시간 안에 낙천주의자가 되는 법

당면한 문제로 우울해질 때라도, 한 시간이면 그 걱정을 모두 없애고 낙천주의자가 될 수 있다. 그 방법은 다음과 같다. 서재에 들어가 눈을 감고 역사 관련 도서들을 꽂아둔 책장까지 걸어간다. 여전히 눈은 감은 채로,《프레스콧의 멕시코 정복》이 될지,《열두 명의 카이사르》가 될지 모르지만 여하튼 역사책을 한 권 고른다. 계속해서 눈을 감은 채로, 되는 대로 책장을 펼친다. 그런 다음 눈을 뜨고 한 시간 동안 그 책을 읽는다. 책을 읽으면 읽을수록 이 세상이 늘 고난 속에 존재해 왔고, 문명은 항상 무너질 듯한 위기에 직면해 있었다는 사실을 깨닫게 된다. 역사의 페이지마다 전쟁이나 빈곤, 기근, 전염병, 인간에 대한 인간의 잔인함 같은 참혹한 이야기가 가득 차 있다. 한 시간 동안 역사책을 읽고 뒤적이고 나면, 지금이 그리 좋은 상태는 아니지만 그래도 과거에 비하면 훨씬 더 나은 상황임을 분명히 깨닫게 된다. 이 세상이 전반적으로 조금씩 더 나은 방향으로 나아가고 있다는 사실을 알게 됨과 동시에, 현재 나 자신의 문제를 제대로 파악하고 직면할 수 있게 된다.

로저 W. 밥슨

인
생
잠
언

2

상황이 인간을 만드는 것이 아니라,

인간이 상황을 만드는 것이다.

노예가 자유로워질 수 있고,

황제는 노예가 될 수 있다.

상황은 우리가 만드는 대로

고귀해질 수도,

비천해질 수도 있다.[i]

내가 반드시 기쁘게 해야 할 존재는

하느님과 나 가필드, 이렇게 둘이다.

이 세상에서 나는 가필드와 함께 살아야 하며,

저세상에서 나는 하느님과 함께 살아야만 한다.[ii]

i 프레더릭 로버트슨
ii 제임스 가필드

견뎌 낸 자의 지혜

나는 가난과 질병이라는 시련의 절정을 경험해 봤다. 사람들이 내게 (우리 모두에게 닥치는) 이런 문제들을 어떻게 해결해 왔느냐고 물으면, 난 항상 이렇게 대답한다.

"저는 어제를 견뎌 냈어요. 오늘도 견딜 수 있죠. 그리고 스스로에게 내일 어떤 일이 일어날지 생각할 여지를 주지 않습니다."[i]

행복으로 향하는 유일한 길은,
우리의 의지를 넘어선 일에 대해서는
걱정을 그만두는 것이다.[ii]
자기가 갖지 못한 것을 아쉬워하지 않고,
가진 것에 크게 기뻐하는 자야말로
현명한 자다.[iii]

 i 도로시 딕스
ii~iii 에픽테토스

왜 그랬던 내가 부끄러워질까

인생 전체를 놓고 고민하면서 스스로를 괴롭히지 마라. 그대가 짊어져야 할 것처럼 보이는 부담들의 성격과 숫자를 한눈에 다 파악하려고 애쓰지 마라. 그보다는 오히려 현재 각 상황이 일어날 때마다 자신에게 이렇게 질문하라. "내가 이 문제에서 참고 견딜 수 없는 부분은 무엇인가?" 스스로에게 솔직히 고백하다 보면 오히려 얼굴이 붉어질 것이다! 다음으로는, 과거나 미래는 나를 짓누를 수 없고 오직 현재만이 그럴 수 있음을 기억하라. 그리고 현재를 구별해 경계를 나눈 뒤에, 이마저도 견딜 수 없는지 스스로 마음에 묻는다면, 분명히 그 현재는 더욱 작아질 것이다.

마르쿠스 아우렐리우스

걱정하면 달라지는가

나는 결코 미래에 대해 걱정해 본 적이 없다. 왜냐하면 살아 있는 사람은 그 누구도 미래에 어떤 일이 벌어질지 헤아릴 수가 없기 때문이다. 미래에 영향을 미치는 요소는 너무나 다양하다. 그 누구도 무엇이 이러한 요소들을 촉발하는지 알 수 없고, 이해할 수도 없다. 그러니 무엇 하러 그에 대해 걱정하겠는가?[i]

가진 돈을 모두 잃었다 해도 걱정한다고 해서 얻어지는 것은 아무것도 없다. 따라서 나는 걱정하지 않을 것이다. 내가 할 수 있는 최선을 다하고 결과는 신에게 맡길 뿐이다.[ii]

i K. T. 켈러
ii J. C. 페니

보상 불가한 습득물 광고

어제,
일출과 일몰 사이 그 어딘가에서,
예순 개의 다이아몬드를 박아 만든
황금 시간 두 개를 잃어버림.
이 두 시간을 찾아 준다 해도
어떤 보상도 해 드릴 수 없음.
그 시간들은 이미
영원 속으로 사라졌기 때문에.

호러스 맨

인생의 진실

우리는 여기에 있고,
바로 지금을 살고 있다.
그보다 미래의 일에 대한 인간의 지식은
덧없는 것이다. [i]

지금 이끌어 가지 않는 삶은 평생 이끌어 갈 수 없는 삶이며,
현재를 즐기지 않는 삶은 평생 즐길 수 없는 삶이다. 현재를
지혜롭게 살지 않으면 영원히 현명하게 살 수 없다. 과거는
이미 지나가 버렸고 미래는 그 누구도 알 수 없기에. 나는 이
것이 바로 인생의 진실이라고 생각한다. [ii]
"하루하루의 삶은 그대의 신전이요, 그대의 종교다." [iii]

[i] 헨리 L. 멩켄
[ii] 데이비드 그레이슨
[iii] 칼릴 지브란

새벽에 바치는 인사

이날을 보라!

오늘이 생명이요, 생명 중의 생명이니

오늘 이 짧은 시간 안에

그대 존재의 모든 진실과 진리가 담겨 있노라

성장의 축복과

행위의 영광과

아름다움의 눈부심이 있노라

어제는 꿈에 지나지 않고

내일은 환상일 뿐

그러나 오늘을 충실하게 살아 낸 이는

모든 어제를 행복의 꿈으로

내일을 희망에 찬 환상으로 만든다

그러니 오늘을 잘 보살피라

이것이 새벽에 바치는 인사이다

칼리다사

아침에 일어나면
마법처럼 채워지는 것

시간은 말로 다 설명할 수 없는 만물의 재료다. 시간이 있다면 모든 일은 가능하지만, 시간이 없다면 아무것도 할 수 없다. 가만히 살펴보면 날마다 우리에게 시간이 공급된다는 것은 참으로 놀라운 일이며, 하루하루는 기적과도 같다.

아침에 일어나면 우리의 지갑에는 마법처럼 인생에서 계획되지 않은 24시간이 채워진다. 이 시간은 당신의 것이다. 시간은 당신이 소유한 것들 중 가장 귀하다.

우리는 주어진 하루 24시간을 살아가야만 한다. 이 시간을 건강, 기쁨, 돈, 만족, 존경, 영원한 영혼의 진화를 위해 사용해야 한다. 시간을 적절하고 효과적으로 사용한다는 것은 긴박하면서도 설레는 일이다. 모든 것이, 당신의 행복 또한 바로 여기에 달려 있다.

우리는 결코 시간을 더 가질 수 없다. 우리는 지금 남과 똑같은 시간을 가지고 있고, 과거에도 그래 왔으며, 미래에도 마찬가지다.

아널드 베넷

오늘 하루만은

오늘 하루만은, 나는 행복해질 것이다. 이는 "사람은 자신이 행복해지고자 하는 만큼 행복해진다"라는 에이브러햄 링컨의 말을 인정하는 것이다. 행복은 내 안에서 나오는 것이지, 외부적인 문제가 아니다.

오늘 하루만은, 나 스스로를 현실에 맞추려 노력하겠다. 모든 것을 내 마음대로만 하지 않고, 가족과 일, 행운을 있는 그대로 받아들이고 나를 그에 맞추겠다.

오늘 하루만은, 내 몸을 잘 보살피겠다. 몸을 함부로 혹사하거나 그냥 방치해 두지 않고 운동을 하고 세심히 살피며 영양을 보충하여, 마음먹은 대로 몸이 움직일 수 있게 하겠다.

오늘 하루만은, 내 정신을 강하게 만들겠다. 무엇인가 유용한 것을 배우고, 정신적으로 게으른 자가 되지 않겠다. 집중해서 생각하고 그 뜻을 헤아리려 노력해야만 읽을 수 있는 글을 읽을 것이다.

오늘 하루만은, 나의 영혼을 세 가지 방식으로 훈련하겠다.

누군가 알아채지 못하게 조용히 선행을 베풀겠다. 이 훈련을 위해 윌리엄 제임스가 제안한 대로, 내가 하기 싫어하는 일을 적어도 두 가지는 해 보겠다.

오늘 하루만은, 나는 상냥한 사람이 되겠다. 가능한 한 웃는 얼굴로, 최대한 멋지게 차려입고, 목소리를 낮춰 말하고, 정중하게 행동하며, 칭찬에 후한 사람이 되겠다. 절대로 남을 비판하거나 다른 사람의 잘못을 꼬집지 않을 것이며, 그 누구도 바로잡으려 하거나 개선시키려 하지 않을 것이다.

오늘 하루만은, 내 인생의 모든 문제를 한 번에 해결하려 덤비는 대신, 주어진 오늘 하루를 충실히 보내기 위해 노력하겠다. 평생을 계속해서 해야 한다면 질겁할 일도 12시간 정도라면 해낼 수 있다.

오늘 하루만은, 나는 계획을 세워 보내겠다. 매시간 무슨 일을 할지 적어 내려갈 것이다. 철저하게 따르지는 못하더라도 계획을 세울 것이다. 계획을 세우면 적어도 성급함과 우유부단함이라는 두 가지 골칫거리는 사라질 것이다.

오늘 하루만은, 나는 단 30분이라도 혼자서 조용한 시간을 갖고 휴식을 취하겠다. 이 시간 동안 인생에 대한 보다 넓은 통찰을 얻기 위해 신에 대해 생각하겠다.

오늘 하루만은, 나는 두려워하지 않겠다. 무엇보다 내가 행복해도, 아름다운 것을 즐겨도, 사랑해도 된다는 것을, 그리고 내가 사랑하는 사람들이 나를 사랑한다고 믿는 것을 두려워하지 않겠다.

시빌 F. 파트리지

인생은 거울

고결한 마음과 두려워하지 않는 정신이 있다
순수하고 진실한 영혼도 있다
그러니 그대가 가진 최상의 것을 세상에 내놓으라
최상의 것이 그대에게 돌아올 것이다

사랑을 주라, 그러면 그대 삶으로 사랑이 흘러와
가장 어려운 시기에 힘이 되어 줄 것이다
타인을 믿으라, 그러면 수많은 사람이
그대의 말과 행동에 믿음을 보일 것이다

진실을 주면, 그대의 선물에 친절로 보답할 것이다
존중은 존중을 만날 것이며,
환하게 웃으면, 분명
환한 웃음으로 그대에게 화답할 것이다

슬퍼하는 이에게 슬픔과 연민을 베풀라
꽃으로 다시 거두어들일 것이다
마음의 씨앗을 세상에 뿌려라
비록 지금은 헛되이 보일지라도

왕에게든 노예에게든 인생은 하나의 거울이라서
우리의 존재와 행동이 그대로 비칠 뿐이니
그대가 가진 최상의 것을 세상에 내놓으라
최상의 것이 그대에게 돌아올 것이니

매들린 S. 브리지스

두 번째 목표

인생에는 두 가지 목표가 있다.
첫째는
원하는 것을 얻는 일이며,
둘째는
그런 다음 그 일을 즐기는 것이다.

오로지 현명한 이들만
두 번째 목표를 이룬다.

로건 피어설 스미스

진정한 왕국은 어디에 있는가

인간이 처음 창조되었을 때부터 지금까지, 온갖 참되고 완전한 즐거움을 맛보는 일은 늘 가능했다. 그런 즐거움은 평안한 상태에 있을 때 얻을 수 있다. 곡식이 자라는 것과 꽃이 피는 것을 지켜보고, 숨이 차도록 밭일을 하며, 책을 읽고, 생각을 하고, 사랑하며, 바라고, 기도하는 것. 이 모든 것이 인간을 행복하게 만드는 일이다. 때때로 이 세상의 진정한 왕국이 어디인지 찾아내고자 했던 지친 왕이나 학대당한 노예는, 지금 자신이 서 있는 마당의 밭고랑과 정원이라는 진정 무한한 영토가 바로 그 왕국임을 어느 순간 깨닫게 된다.

존 러스킨

보는 법

두 사람이 똑같이 창살을 통해 밖을 내다보네
한 사람은 진흙탕을 보고, 다른 이는 별을 바라보네[i]

살면서 우리가 배워야 할 가장 어려운 교훈 중 하나이자 사
람들 대부분이 모르는 것이 있다. 신성한 것, 천상의 것, 평범
함 속에 있는 순수한 것, 내 손 가까운 곳에 있는 바로 그것,
즉 이 세상 우리 주변에 늘 있는 천국을 보는 것이다.[ii]

i 프레더릭 랭브리지
ii 존 버로스

최상의 것은 어디에

나의 양심은 나의 왕관

만족스러운 생각은 휴식과 같다

내 마음은 그 자체로 행복하고

행복은 내 마음속에 있다.[i]

인간에게 최상의 것은 가장 가까운 곳,

자신의 발밑에 놓여 있다.[ii]

i   로버트 사우스웰
ii 호튼 경

기도하고 일하라

모든 것이 신에게 달린 것처럼 기도하라.
모든 것이 인간에게 달린 것처럼 일하라.[i]

기도는 신을 변화시키지 않지만,
기도하는 사람은 변화시킨다.[ii]

i 프랜시스 J. 스펠먼 추기경
ii 쇠렌 키르케고르

아침 일곱 시의 축복

한 알의 모래에서 세상을 보고
한 송이 들꽃에서 천국을 보려면
그대 손바닥 안에 무한함을 쥐고
찰나 속에 영원을 담아라 [i]

때는 봄
봄날의 아침
아침 중에서도 일곱 시
언덕엔 영롱한 진주 이슬방울
하늘에는 종달새 날고
장미 가시줄기에는 달팽이 기어가고
하늘에는 하느님이 계시니
모든 것이 평화롭기만 하도다! [ii]

i 윌리엄 블레이크
ii 로버트 브라우닝

신의 편지

나는 신께서 거리에 떨어뜨린 편지를 찾았네
모든 편지마다 신의 이름이 새겨져 있었지
나는 그 편지들을 그 자리에 두었네
나는 내가 가야 할 길을 알고 있기에
다른 이들도 분명 언젠가는 그 길로 오겠지[i]

지난 30년간, 지구상 모든 문명국가의 사람들이 내게 상담을 받으러 왔다. 수백 명의 환자가 내 손을 거쳐갔다. 인생의 후반기를 지내고 있던 환자들의 궁극적인 문제는, 자신의 인생에서 종교적인 의의를 찾아낼 수 없다는 것이었다. 이들은 종교가 그들에게 주었던 것을 잃어버린 탓에 마음의 병에 걸리고 말았다. 그리고 종교적 의의를 다시 찾지 않은 사람은 병에서 치유되지 못했다.[ii]

i 월트 휘트먼
ii 칼 융

3

크리스마스에는
미소를

못할 짓

우리 인간은 사교적인 동물이다. 그래서 주변에 아는 이들이 많았으면 한다. 또한 주변 사람들로부터 환대받기를 원한다. 그러한 인간이기에, 자신이 속한 집단에서 누군가에게 완전히 외면당하는 것만큼 잔인한 형벌이 없다.

윌리엄 제임스

쓰레기통에 버려야 할 두 가지

남의 비위를 거스르는 말을
성급하게 하는 것은
어리석으며, 이런 말을
글로 적는 것은 이보다
훨씬 더 어리석다.
누군가가
당신에게 무례한 편지를 보냈다면,
조용히 앉아
그보다 열 배 많은 내용을 담아
그에게 편지를 쓰라.

그런 다음
두 편지를 모두
쓰레기통에 던져 버려라.

엘버트 허버드

친구에 대하여

우리는 건강을 챙기고, 저축을 하고, 지붕을 튼튼히 고치고, 옷을 갖춰 입는 등 자신을 위해 관리를 한다. 하지만 가장 귀한 보물인 '친구'를 갖추려고 하는 자는 왜 아무도 없는 것일까?[i]

친구란 나의 진심 어린 마음을 터놓을 수 있는 사람. 친구 앞에서는 내가 생각하는 바를 그대로 털어놓을 수가 있다. 나는 이제야 겨우 거짓 없고 나와 동일한 인간을 만나게 되었다. 그렇기에 마지막까지 결코 벗을 수 없는 속옷과도 같았던 위선이나 예의까지도 벗어던질 수 있게 되었다. 그렇게 함으로써 마치 두 개의 분자가 화학적 결합을 할 때처럼 단순성과 전체성으로 그와 하나가 될 수 있다. 마음을 터놓는 일은 왕관이나 주권과 마찬가지로 최고의 지위에 올라간 자들에게만 허용되는 사치다. 이는 상대방의 기분을 맞춰 주는 것이나 상대에게 순응하는 것이 아니라, 진실을 말하는 것이다. 누구나 혼자 있을 때는 진실하다. 거기에 다른 사람이 한 명 끼어들게 되면, 그때부터 위선이 시작된다. 우리는 상대가 친밀해지겠다며 다가올 때 그것을 적당한 칭찬이나 세상 소문들, 혹은 재미있는 말들로 되받아친다. 자신의 진정한 마음은 꽁꽁 싸매고 덮어서 감춰 버린다. 우리가 만나는 사람들 대부분은 정중하게 대우해 주거나, 기분을 맞춰 줄 필요가 있는 이들이다. 이들은 명예나 재능, 종교나 이념 같은 것들을 염두에 두고 있어서 그 기준에 맞춰 주지 않으면 이들과 소통하기가 어렵다. 하지만 분별력 있는 친구를 만나면 술책이 아닌 진심이 작용하게 된다. 그 앞에서는 몸을 굽힐 필요도, 혀 짧은 소리를 낼 필요도 없다. 친구는 자연에 존재하는 역설적 존재. 나와 똑같은 사람은 이 세상에 나 한 명뿐이기에, 자연계에서 나와 동일한 인물은 있을 수 없다. 그런데 나와 비슷한 성격과 성품을 가졌으면서도 나와 전혀 다른 겉모습을 지닌 사람이 바로 내 앞에 있으니 이 어찌 역설적 존재가 아닐 수 있는가. 친구는 자연이 만들어 낸 걸작이다.[ii]

i~ii 랠프 월도 에머슨

어느 이름 없는 자의 기도

저는 이 길을 단 한 번밖에 지나갈 수 없습니다.
그러니 제가 할 수 있는 선행이나,
다른 이에게 보여 줄 수 있는 친절을
지금 당장 행할 수 있게 하소서.
이 길을 두 번 다시는 지나지 않을 것이기에,
제가 선행을 미루거나 그냥 넘어가지 않게 도와주소서. [i]

친절함은
귀먹은 이도 들을 수 있고
말 못하는 이도 이해할 수 있는
언어입니다. [ii]

i 작자 미상
ii 작자 미상

시어도어 루스벨트*가
경의를 표한 속담

다물고 있는 입에는
파리가 들어가지 않는다.

필리핀 속담

대화의 기술

상대방에 대한 이야기를 하라.

그러면 그는

몇 시간이고

당신의 이야기에 귀 기울일 것이다.[i]

상대를 위해

자신을 낮추고 싶을 때는

당신이 들은

상대의 이야기를 그대로

반복해서 말하면 된다.[ii]

i 벤저민 디즈레일리
ii 마크 트웨인

폭력과 대화의 차이

만일 당신이 주먹을 불끈 쥔 채 내게 다가온다면, 내 주먹이 당신 주먹보다 두 배는 빠를 거라고 장담할 수 있다. 하지만 당신이 내게 와서 "여기 앉아서 함께 논의해 봅시다. 우리 서로 생각이 다르다면 그 부분에 있어 왜 우리 생각이 다른지 서로 이해해 봅시다"라고 말한다면 다음과 같은 사실을 이내 알게 될 것이다. 우리는 서로 그리 다르지 않다는 사실을, 우리가 서로 다르게 생각하는 부분은 얼마 되지 않으며 동의하는 부분이 더 많다는 사실을, 그리고 끈기와 솔직함, 함께 해결해 나가고자 하는 열망만 가지고 있다면 우리는 함께할 수 있다는 사실을.

우드로 윌슨

파리나 사람이나, 설득의 기술

"1갤런의 쓴 약보다 한 방울의 벌꿀이 더 많은 파리를 잡는다"는 말이 있다. 파리나 인간이나 마찬가지다. 상대방을 자기 의견 쪽으로 끌어들이고 싶을 때는 우선 당신이 상대방과 같은 편임을 알려야 한다. 바로 거기에 상대의 마음을 붙드는 한 방울의 벌꿀이 있다. 이것이야말로 상대방에게 접근하는 가장 확실한 방법이며, 일단 상대의 마음을 얻게 되면 당신의 의견을 설득시키는 데는 그리 시간이 많이 걸리지 않는다.

반대로 당신의 판단을 상대방에게 강요하려고 하거나, 행동을 규제하거나, 상대방을 무시하면, 상대는 그 자신의 틀에 갇히게 되어 당신의 머리와 마음으로 향하는 모든 길이 막혀 버린다. 그런 행동으로 당신의 진실은 온데간데없이 사라지고, 헤라클레스를 능가하는 힘으로 강철보다 강하고 예리한 창을 던진다 해도, 거북의 등을 밀짚으로 찌르는 것 이상의 자극은 주지 못한다.

인간이란 이런 존재다. 사람은 자기가 가장 관심 있어 하는 목표로 이끌어 가는 리더라 해도, 그가 자신의 생각을 이해하지 못하면 따르지 않는다.

에이브러햄 링컨

82

적을 만드는 게임

논쟁은
두 사람이 할 수 있는 게임이다.
그런데 둘 중
누구도 절대 이기는 법이
없다는 점에서
참 이상한 게임이다.[i]

누군가와 논쟁을 벌이며 그 사람을 괴롭히고 반박했을 때, 이것이 일시적으로는 승리한 것처럼 보일 수 있다. 하지만 상대방의 호의를 절대로 얻을 수 없게 되었으므로 사실 이는 공허한 승리일 뿐이다.[ii]

적을 만들고 싶다면
친구를 이겨라.
하지만 친구를 만들고 싶다면
친구가 당신을 이기게 하라.[iii]

i~ii 벤저민 프랭클린
iii 프랑수아 드 라 로슈푸코

큰 사람의 대화법

당신의 바람을 하찮게 여기는 사람과는 거리를 두라. 소인배는 늘 그런 식으로 당신을 대하지만, 정말 큰 사람은 당신 또한 훌륭한 사람이 될 수 있다고 느끼게 만든다.[i]

사기꾼을 상대해야 하는 상황인가? 그 상황을 잘 넘길 수 있는 방법이 있다. 마치 그를 존경하는 신사처럼 대하라. 그를 솔직한 사람으로 여겨라. 그를 솔직한 사람으로 대해 주면 그는 으쓱해지고, 다른 누군가가 자신을 믿는다는 사실에 자랑스러워할 것이다.[ii]

i 마크 트웨인
ii 교도소장 루이스 E. 로스

직원이 어리석게 행동한다면

자기도 모르게, 언제든 확대경을 들이대면서, 남의 결점을 찾아내려는 사람들이 있다.[i]

과학자들은 칭찬을 자주 받았던 아이들이 꾸중을 자주 들었던 아이들보다 더 똑똑해졌다는 사실을 알아냈다. 당신이 고용한 직원 가운데 몇몇이 어리석게 행동한다면, 이것은 당신이 그들을 대한 방식으로 인해 나타난 결과일 것이다. 칭찬에는 창조적인 요소가 있다.[ii]

친절을 베풀고, 기쁘게 하고, 필요한 곳에 도움의 손길을 내밀 기회가 있었음에도 이를 놓쳐 버리는 일은, 이후 당신을 유쾌하게 해 주고 나아갈 길을 밝혀 줄 행복한 기억을 잃게 만드는 것이다.[iii]

i, iii 존 워너메이커
 ii 토머스 드라이어

내가 확신하는 한 가지

내가 누군가의 가슴이 무너지는 걸 막아 줄 수 있다면
내 삶은 헛된 것이 아닐지니
만일 내가 누군가의 아픈 삶을 달래 줄 수 있다면
혹은 그 고통을 덜어 줄 수 있다면
다쳐 쓰러진 개똥지빠귀를
둥지로 다시 돌아가게 해 줄 수 있다면
내 삶은 헛된 것이 아닐지니[i]

진정으로 행복해질 수 있는 자는, 봉사하는 길을 찾아 헤매다 결국 그것을 찾아낸 사람이다. 이것이 바로 내가 확신하는 한 가지 사실이다.[ii]

i 에밀리 디킨슨
ii 알베르트 슈바이처

위에 서고자 하는 자는

강과 바다가 수많은 골짜기들에게 존경을 받는 것은 그 아래, 하류에 있기 때문이다. 그렇기에 강과 바다는 모든 골짜기의 물을 다스리고 지배할 수 있다. 그래서 대중의 위에 서고자 하는 현명한 사람은 대중의 뒤편에 선다. 이렇게 하면 그들 위에 있어도 대중이 그 무게를 느끼지 못하고, 대중 앞에 있어도 이를 모욕으로 여기지 않는다.

노자

다시 읽는 이솝 이야기

바람과 해는 둘 중에서 누가 더 강한지 논쟁을 벌이고 있었다. 이 문제를 해결할 방법이 전혀 없는 듯 보였다. 이때 이 둘은 길을 따라 걸어오고 있는 한 여행자를 보게 되었다.

"드디어 기회가 왔군." 해가 말했다. "누구의 말이 맞는지 증명할 기회가 왔어. 우리 중 누구든 이 남자의 코트를 벗게 만드는 사람이 더 강한 자가 되는 거야. 내가 이길 게 뻔하니까 너 먼저 해."

그래서 해는 구름 뒤로 숨었고, 바람은 얼음같이 찬 칼바람을 여행자에게 마구 날렸다. 하지만 칼바람이 더 불면 불수록 여행자는 코트로 자신의 몸을 더욱 세게 감쌌다. 결국 바람은 넌더리가 난 채 포기하고 말았다. 그런 뒤 구름 뒤에 숨어 있던 해가 나타나 온 힘을 다해 햇빛을 비추기 시작했다. 여행자는 햇빛의 다정한 따뜻함을 느꼈고, 몸이 점차 따뜻해지자 자신의 코트를 느슨하게 열기 시작했다. 결국 그는 코트를 벗어 버렸고 나무 그늘 아래 앉아 부채질을 해야만 했다. 해의 말이 맞았던 것이다!

이솝

기억에 남지 않더라도

남에게 친절을 베푼 적 있는가?
남에게 베풀라
친절은 그대만을 위한 것이 아니니
남에게 베풀라
친절함이 오래도록 전해지게 하고
다른 사람의 눈물을 거두어 주게 하라
천국에도 이 행동이 전해질 때까지
남에게 베풀라[i]

선한 인간의 삶에서 가장 중요한 부분은
그의, 사소하고 이름도 없고 기억에 남지도 않는
친절한 행동이다[ii]

i 헨리 버튼
ii 윌리엄 워즈워스

크리스마스에는 미소를

미소는 돈이 들지 않지만, 많은 것을 창조해 냅니다.

미소는 받으면 부유해지지만 준다고 해서 가난해지지 않습니다.

미소는 순간의 일이지만 그 기억은 때로 영원히 남습니다.

미소 없이 살아도 될 만큼 부유한 이도 없고, 미소의 혜택조차 누리지 못할 만큼 가난한 이도 없습니다.

미소는 가정에 행복을 가져오고, 사업에서는 호의를 불러오며, 친구 사이에서는 우정의 증거가 됩니다.

미소는 지친 이에게는 안식이, 낙담한 이에게는 희망이, 슬퍼하는 이에게는 햇살이 되어 주며, 자연이 괴로움을 겪는 이들에게 선물하는 최고의 명약입니다.

하지만 미소는 살 수도, 구걸할 수도, 빌릴 수도, 훔칠 수도 없습니다. 미소는 누군가가 조건 없이 줄 때라야 비로소 가치가 생기기 때문입니다.

만약 이번 크리스마스 때 선물을 사시다가 저희 직원이 너무 지친 나머지 손님께 미소조차 지어 주지 못하고 있다면, 여러분이 먼저 그에게 미소를 선물해 주지 않으시겠습니까?

더 이상 지을 미소가 남아 있지 않는 사람보다 더 미소가 필요한 사람은 없으니까요.

프랭크 어빙 플레처

기억하라, 인생은 짧다는 것을

언젠가는 사라지겠지, 하며 심각한 오해임에도 해마다 그냥 방치하면서 넘어가는 당신,

지금이야말로 자존심을 버려야 할 때라고 생각하지만, 좀처럼 결심을 하지 못해 계속해시 불쾌한 언쟁을 이어가는 당신,

길거리에서 누군가를 만나도 어리석은 심술에 한 마디도 하지 않고 지나쳐 버리면서, 그가 내일 아침 당장이라도 죽게 된다면 후회와 부끄러움에 몸서리를 치게 될 거라는 사실을 알고 있는 당신,

이웃이 굶어 죽을 때까지도 못 본 체하며 그냥 내버려 두고, 나중에 언젠가는 친구에게 칭찬과 공감의 말을 전해야겠다는 생각을 하면서도 당장 그러지 못하고 친구의 마음을 아프게 하는 당신……

만일 '인생은 짧다'는 진리를 갑자기 깨달아 느낄 수 있다면, 정신이 확 들지 않겠는가! 당장 되돌아가, 평생 다시 오지 않을 기회를 붙잡아야 하지 않겠는가.

필립스 브룩스

이기주의의 의미

이기주의란 자기가 살고 싶은 대로 사는 것이 아니라, 다른 사람에게 자신이 바라는 대로 살게 강요하는 것이다. 이기주의와 반대되는 것은 타인의 삶에 개입하지 않고 그들 삶을 그대로 인정하는 것이다. 이기주의자는 항상 자기 주변 사람들이 자신이 정해 놓은 이상적인 유형에 들어맞아야 한다고 고집한다. 이와 반대의 사람들은 사람의 성격이 매우 다양한 것을 바람직하게 여기고, 그들의 다른 성격을 있는 그대로 받아들인다.

오스카 와일드

어떻게 사랑해야 할까요?

그대를 어떻게 사랑할까요? 방법을 헤아려 봅니다

보이지 않는 존재의 끝과 영원한 은총에

내 영혼이 닿을 수 있는

그 깊이와 넓이와 높이만큼 그대를 사랑합니다

태양 아래에서도 촛불 밑에서도

하루하루의 평온한 일상에서도 그대를 사랑합니다

권리를 옹호하듯 자유롭게 그대를 사랑하고

칭찬을 바라지 않고 순수하게 그대를 사랑합니다

옛 슬픔에 쏟았던 정열과

내 어린 시절의 믿음으로 그대를 사랑합니다

세상을 떠난 모든 성인들과 더불어

내가 잃은 줄로만 알았던 사랑으로

나는 그대를 사랑합니다. 내 평생의 숨결과

미소와 눈물로 그대를 사랑합니다! 그리고 신이 허락해 주신

　　다면

죽어서도 그대를 더욱 사랑할 겁니다

엘리자베스 배럿 브라우닝

남자가 쉽게 놓쳐 버리는 진실

남자들이 아내에게 자녀 양육의 문제를 완전히 맡겨 버리면, 모든 이들이 손해를 보게 되지만, 무엇보다도 자기 자신이 아주 큰 손해를 보게 된다. 왜냐하면 자녀 양육이 주는 자극을 통해 자기 스스로가 인간으로서 성장할 기회를 잃어 버리기 때문이다.

애슐리 몬터규

사랑은……

자기의 개성을 버릴 것,

타인의 눈으로 보고, 타인의 귀로 들을 것,

둘이지만 하나가 될 것,

더 이상 자신이 누구인지 알지 못할 정도로 용해되고 융합될

것,

끊임없이 서로를 받아들일 것,

대지와 바다와 하늘, 그리고 그 안에 있는 모든 것을 하나의

것으로 응축하여 아무것도 남지 않도록 할 것,

그 누가 말려도 소용없고, 어떤 순간에도 희생할 준비가 되

어 있을 것.

상대에게 줌으로써 인격을 배가시키는 것,

이것은 바로 사랑이다.[i]

사랑, 서로 마주 보는 것이 아니라

함께 같은 방향을 바라보는 것이다.[ii]

i 테오필 고티에
ii 생텍쥐페리

4

지옥이 시작되는 날

에머슨의 일의 의미

모자는 코트와 잘 어울려야 하고, 와인은 음식과의 페어링을 고려해야 하며, 건장한 말을 탈 때는 그에 걸맞은 총이 필요하고, 건강을 지키기 위해서는 반드시 쉬는 날이 있어야 한다. 이와 마찬가지로 자기 일에서 성공하기 위해서는 더 나은 '방법'과 더 좋은 성과를 끌어낼 수 있는 '이해력' 이 두 가지가 동시에 존재해야 한다.[i]

호미를 들고 정원에 나가 밭을 일굴 때는, 상쾌한 기분이 들고 건강해지는 것 같다. 그리고 이제까지 내 손으로 직접 해야만 했던 나 자신의 일을 다른 이들에게 맡긴 내가 얼마나 어리석었는지 깨닫게 된다.[ii]

기술이 필요한 일이든 험한 일이든, 옥수수 씨를 뿌리는 밭일이든 서사시를 쓰는 시인의 일이든, 무슨 일이든 일을 하면 반드시 보상이 따른다. 아무리 실패를 거듭한다 해도, 결국에는 승리한다. 승리의 보상은, 바로 그 일을 끝마쳤다는 것 자체이다.[iii]

i ~ iii 랠프 월도 에머슨

썰물의 의미를 기억하라

천재란 계속해서 노력할 수 있는 사람이다. 성공과 실패의 차이는 너무나 미묘해서 우리가 언제 그 선을 타고 넘어간다 해도 파악하기가 어렵다. 조금만 더 참고 노력하면 성공을 이룰 수 있을 텐데, 그 선 가까이에 다 와서 포기하는 사람이 얼마나 많은가. 바닷물이 쭉 빠져나갔다는 것은, 또다시 밀려온다는 의미. 사업을 하면서 전망이 가장 어두워 보일 때가 사실 상황이 곧 바뀌려고 하는 때다. 계속해서 노력하면 가망이 없어 보이던 일도 엄청난 성공을 가져다주게 될지 모른다. 끊임없이 노력하는 한, 실패란 없다. 마음속에서 생겨나는 패배의식 외에 실제로 패배란 존재할 수 없고, 우리가 태어날 때부터 가지고 있던 약한 마음 외에 넘지 못할 장애물은 없다.

앨버트 허버드

인내와 끈기, 그 조용한 힘

신은 끈기 있는 사람을 돕는다.[i]

훌륭한 목표를 이루고 위대한 일을 해내는 방법은 오직 두 가지, 강인한 힘과 인내심을 갖는 것뿐이다. 강인한 힘은 혜택받은 몇몇 사람들만이 가지고 있다. 하지만 엄격하게 인내심을 기르고 끝까지 버티는 일은 우리 중 가장 작은 자라도 누구든 해낼 수 있으며, 대부분 그 목표를 달성하는 데 실패하지 않는다. 그 조용한 힘은 시간이 지날수록 저항할 수 없을 정도로 강력해지기 때문이다.[ii]

위대한 일을 수행해 내는 것은 강인함이 아니라 끈기다. 하루에 3시간씩 힘차게 걷는 사람은, 7년 후에는 지구를 한 바퀴 걸을 수 있다.[iii]

모든 위대한 일은 처음에는 불가능하다고 여겨졌던 것들이다.[iv]

---

i 《코란》 제8장
ii 요한 볼프강 폰 괴테
iii 새뮤얼 존슨
iv 토머스 칼라일

일하는 손은 아름답다

어느 시대, 어느 역사를 돌아보더라도 우리는 일을 하고, 건물을 짓고, 새로운 것을 발명하고, 미개함에서 문명을 일궈낸 인간의 손을 발견하게 된다. 인간의 손은 우리가 하는 일의 강인함과 탁월함을 상징한다. 나무를 깎고 톱으로 켜며 무언가를 새기고 온갖 종류의 제품을 만들어 내는 기계공의 거친 손은, 들꽃을 그려 내거나 아름다운 항아리를 만들어 내는 예술가의 창조적인 손이나 법률을 제정하는 정치가의 손과 비교해도 전혀 손색이 없다. 눈이 손을 향해 "너는 필요 없는 존재야"라고 말할 수가 없다. 얼마나 위대한가! 일하는 손은 찬양받아 마땅한 존재다.

헬렌 켈러

동료들이 모두 잠든 밤

매일 아침 일이 시작된다
매일 저녁 일이 끝난다
시도했던 일과 성취한 일로
그날 하루의 휴식이 보장된다 [i]

끈기는 성공의 매우 중요한 요소다. 계속해서 문을 두드리고,
계속해서 크게 소리를 낸다면, 누군가는 그 문을 열어 줄 것
이다. [ii]

위대한 이들이 도달하고 유지했던 그 높이는
갑작스런 비행 한 번으로 달성한 게 아니다
동료들이 모두 잠든 밤,
그들은 그 높이를 향해 힘겹게 올랐다 [iii]

[i~iii] 헨리 워즈워스 롱펠로우

에디슨이 일을 대하는 자세

나는 살면서 단 하루도 소위 노동이라는 것을 해 본 적이 없다. 내가 했던 일은 그 자체가 즐거움이었다.[i]

어떤 상황에 처해 있든지 나는 결코 낙담하지 않는다. 가치 있는 일을 완수하기 위해서는 첫째 근면, 둘째 끈기, 셋째 상식이라는 세 가지 조건이 필요하다.[ii]

대부분의 사람은 더 이상 아이디어가 떠오르지 않으면 이내 낙담하며 생각을 멈춰 버린다. 바로 그때야말로 아이디어가 솟아날 때라는 것을 모른 채.[iii]

천재는 1퍼센트의 영감과 99퍼센트의 노력으로 만들어진다.[iv]

i ~ iv 토머스 에디슨

셰익스피어가 사업을 한다면

찍고 또 내려찍어라, 비록 도끼가 작다 할지라도
가장 단단한 참나무를 넘길 수 있다.[i]

일단 사업을 시작했으면 목표한 바를 이룰 때까지 그만두지
말라.[ii]
우선 계획이 제대로 짜여 있어야 한다. 이 조건이 확인되면,
단호하게 실행하라. 실행하기로 결심한 목표를 단 하나라도
포기해서는 안 된다.[iii]
"신께 기도하되, 해안가를 향해 계속 노를 저어 나가라."[iv]

i~iii 윌리엄 셰익스피어
  iv 러시아 속담

일을 다스리는 지혜

내가 관찰해 온 바에 따르면, 사람들은 대부분 다른 이들이 시간을 낭비할 때 앞서나간다.[i]

근면은 행운의 어머니다. 신은 근면한 자에게 모든 것을 베풀어 주신다. 그러니 나태한 자들이 자는 동안 밭을 가는 데 집중하라. 그러면 수확을 할 수 있고, 그 작물을 팔거나 저장해 둘 수 있다.[ii]

더 많은 장미꽃을 원한다면, 더 많은 장미 나무를 심어야만 한다![iii]

늦게 일어나는 사람은 온종일 뛰어다녀야 하고, 밤이 늦어도 일의 속도를 따라잡지 못한다. 이렇게 게으른 사람은 너무 느려 터져 결국 가난에 따라잡히고 만다. 주도적으로 일을 몰고 가라. 결코 일이 너를 휘두르지 않게 하라.[iv]

i 헨리 포드
ii, iv 벤저민 프랭클린
iii 조지 엘리엇

성공의 비결

인생에서 성공하기 위한 비결 몇 가지를 소개하자면 이렇다.

첫째, 날마다 자신의 일에 흥미를 가질 것.

둘째, 계속해서 일에 몰입할 수 있는 열정을 지닐 것.

마지막으로 하루하루를 아주 중요한 날로 여길 것.[i]

"세상은 나를 천재라고 부른다. 내가 가진 천재성은 다음과 같은 것들이다. 무언가 할 일이 있으면, 나는 그것을 자세하게 연구한다. 항상 곁에 두고 온갖 각도에서 면밀히 조사한다. 그 일에 완전히 푹 빠져 버리는 것이다. 이렇게 얻어 낸 성과를 사람들은 '천재의 성과'라 부른다. 하지만 이는 노력과 생각의 성과다."[ii]

i 윌리엄 라이언 펠프스
ii 알렉산더 해밀턴

일하고, 노력하고, 버텨라

모든 성장에는 활동이 필요하다. 노력 없이는 육체적으로나 지적으로나 성장하지 못하며, 노력이란 곧 일을 의미한다. 일은 저주가 아니라 지성의 특권이며, 인간다움의 유일한 수단이자 문명의 척도이다.[i]

내가 알게 된 것 중 하나는, 중요한 무언가를 이루고자 할 때는 사람들의 말에 너무 귀를 기울이지 않는 것이 바람직하다는 것이다. 사람들은 언제나 불가능하다고 단언한다. 하지만 나는 바로 그때야말로 노력을 기울여야 하는 최적의 타이밍이라고 생각한다.[ii]

이 세상에서 인내를 대신할 수 있는 것은 없다. 재능? 재능이 있으면서도 성공하지 못하는 사람이 얼마나 많은가. 천재성? 속담도 말하지 않는가, 대부분의 천재는 보상을 받지 못한다고. 교육으로도 안 된다. 이 세상은 교육받은 부랑자들로 넘쳐난다. 그 어떤 상황에서도 성공할 수 있는 힘은 오직 인내와 결단력뿐이다. 지금까지 '버텨라'라는 슬로건은 인류의 여러 가지 문제를 해결해 왔다. 그리고 앞으로도 그럴 것이다.[iii]

i~iii 캘빈 쿨리지

지옥이 시작되는 날

성취할 수 있었지만 그러지 못한 일,
선물로 주어졌던 재능을 낭비해 버린 일,
할 수 있었음에도 결국 하지 않은 일을
신께서 우리에게 명확하게 보여 주시는 날,
지옥은 시작된다.
내게 지옥이란 두 단어에 담겨 있다.
"너무 늦었다."

잔 카를로 메노티

좋아서 할 수 있는 일을 찾아라

아니, 일은 시대에 뒤떨어진 청교도적 윤리에 의해 외부로부터 부여된 의무 같은 게 결코 아니다. 일은 하루하루의 삶이 의미가 되기를 원하는 인간의 가장 깊은 열망의 표현이다.[i]

어떤 일을 하고 싶은지 스스로 찾아내고 그 일에 최선을 다하라. 젊은이여, 다른 이들보다 한 발짝 앞서고 싶다면, 미래의 계획은 스스로가 결정해야 한다. 적성에 맞고 스스로 몰입할 수 있는 일에서 의욕과 영감을 얻어야 한다.[ii]

자신의 일에 애정을 느끼지 못한 채 억지로 하고 있는 것이라면, 차라리 그 일을 그만두고 성전 문 앞에 앉아 기쁨으로 일하는 사람들에게 동냥을 받는 게 낫다.[iii]

i 헤럴드 W. 도즈
ii 알렉산더 그레이엄 벨
iii 칼릴 지브란

마약 같은 명약

"근면은 최고의 명약이다!"

정확히 50년 전 아버지가 내게 들려주셨던 이 말을 아직도 나는 삶의 좌우명으로 삼고 있다. 아버지는 의사셨고, 당시 나는 부다페스트 대학교에서 법률학 공부를 막 시작한 학생이었다. 한 과목에서 과락한 나는 부끄러웠던 나머지 (이럴 때 가장 위로가 되는 친구인) 술에 기댔다. 정확히 기억하건대 그 술은 애프리콧 브랜디였다.

그런데 그때 갑자기 아버지가 나를 찾아오셨다. 역시 아버지는 명의셨던지, 금세 나의 걱정거리와 술병을 동시에 찾아냈다. 내가 왜 현실 도피를 할 수밖에 없었는지 그 이유를 말씀드렸다.

아버지는 그 자리에서 처방을 내려 주셨다. 그는 술이나 수면제 혹은 그 어떤 약도 현실의 도피처가 되어 주지는 못한다고 하셨다. 슬픔을 고쳐 주는 약이 딱 하나 있는데, 심지어 효과도 좋고 안전하기까지 하다고 하셨다. 근면이라는 약이었다!

아버지의 처방은 그야말로 옳았다. 처음에는 이 약에 익숙해지기가 어려울지 모른다. 하지만 시간이 지나면 근면해질 수 있다. 근면은 마약과 같은 특성을 가졌는데, 습관이 되기 때문이다. 일단 습관이 되면, 거기에서 벗어나기가 쉽지 않다. 나는 지난 50년 동안 근면이라는 습관에서 벗어나지 못하고 있다.

페렌츠 몰나르

탁월함의 조건

탁월함은 타고나는 것이 아니라, 근면을 통해 얻어지는 것이다. 소인이라 할지라도 근면을 습관화하면 위인이 될 수 있다. 시계의 짧은 바늘이 한 시간에 한 눈금밖에 움직이지 않아서 눈에 잘 띄지 않지만 아주 조금씩 나아가듯, 근면을 습관화하면 조금씩 발전해 나가는 기쁨을 경험할 수 있다.[i]

매일매일 할 수 있다고 생각하는 것보다 조금 더 하라.[ii]

i 조슈아 레이놀즈 경
ii 로웰 토머스

두 발 달린 피조물을
인간으로 만들어 주는 것

살아갈수록 더욱 확신하게 되는 것은, 사람들 사이의 차이, 강자와 약자, 대인과 소인의 차이가 '에너지'에 있다는 사실이다. 에너지란 일단 목표가 정해지면 꺾이지 않는 결단력으로 승리 아니면 죽음을 택하겠다는 의지다. 이런 결단력만 있으면 이 세상에서 할 수 있는 일은 무엇이든 해낼 수 있으며, 이것 없이는 그 어떤 환경도, 그 어떤 재능도, 그 어떤 기회도 두 발 달린 피조물을 인간으로 만들어 주지 못한다.

토머스 벅스톤 경

준비된 자가 이긴다

한순간의 영감을 믿어야 한다는 치명적인 말 때문에 수많은 촉망받는 자들이 망가지고 말았다. 영감을 끌어내기 위한 가장 확실한 방법은 바로 준비다. 용기와 능력을 모두 갖춘 자가 준비하는 데 노력하지 않아서 무너지는 경우를 수없이 봐 왔다. 연설을 잘하고 싶은가? 그렇다면 연설 주제부터 철저히 파악하라.[i]

"내가 살면서 성공을 거머쥘 수 있었던 것은, 그 어느 때라도 반드시 약속시간 15분 전에 도착한 덕분이다."[ii]

i 로이드 조지
ii 넬슨 경

114

5

모든 것이 기적이다

길을 잃었는가?

만일 길을 잃은 사람이 '나는 길을 잃은 게 아니라 이곳에 머물겠다고 결심한 것이다. 당분간은 지금 서 있는 이곳에서 지내겠다. 오랫동안 내가 머물던 곳은 이미 존재하지 않으니 그건 단념하겠다'라고 생각한다면, 얼마나 많은 걱정과 위험이 사라지겠는가. 스스로 두 발을 딛고 서 있다면, 나는 길을 잃은 게 아니다. 사실 우리가 서 있는 이 지구가 우주의 어느 방향으로 가고 있는지 누가 알고 있는가? 하지만 그 누구도 우주에서 미아가 되어 버렸다며 자신을 포기하지 않는다. 지구가 어디로 가든 신경 쓰지 않는다.

헨리 데이비드 소로

단순화, 단순화, 단순화

우리의 삶은 너무 작고 세세한 것들로 인해 낭비되고 있다. 정직한 사람은 자신의 열 손가락 이상을 셀 필요가 거의 없으며, 극단적인 경우라 해도 열 발가락까지 더하고 그 나머지는 대충 퉁쳐 버릴 수 있다. 단순화하고, 단순화하고, 단순화하라! 내가 말하건대, 당신의 일은 백이나 천이 아니라 둘이나 셋이 되게 하라. 백만이 아니라 대여섯 개로 세고, 당신의 장부는 엄지손톱 위에 기록하라. 문명 생활이라는 이 험난한 바다 한가운데서, 구름과 폭풍, 유사(流沙)와 수천 가지의 항목들이 허용되는 가운데서 살아남기 위해서는, 즉 기초가 없어 밑바닥으로 가라앉지 않고 헛되고 무모한 계산으로 자신의 항구를 만들지 않으려면, 그는 반드시 계산의 위대한 능력자가 되어야 한다. 그러니 단순화하고, 또 단순화하라…….

헨리 데이비드 소로

습관처럼 한계를 인정하지 마라

인간의 능력은 그 한계가 측정된 적이 없으며, 선례를 통해서도 인간이 무엇을 할 수 있는지 결코 제대로 판단할 수 없다. 인간이 시도해 온 일이 아직까지 너무나 적기 때문에.[i]

우리가 지닌 잠재력과 비교했을 때, 우리는 각자의 육체적, 정신적 능력을 지극히 미미한 정도만 활용하고 있다. 간단히 말해서 인간은 자신의 한계치에 훨씬 못 미치는 상태로 살고 있는 것이다. 인간은 다양한 능력을 지니고 있지만 습관처럼 그 능력을 활용하지 못하고 있다.[ii]

i 헨리 데이비드 소로
ii 윌리엄 제임스

어리석은 일관성을 버려라

어리석은 일관성은 좁은 마음에 깃든 말썽쟁이 요괴일 뿐이다. 그릇이 작은 정치가나 철학자, 신학자들이 이를 숭배한다. 모든 게 일관성 있게 이뤄진다면, 위대한 영혼은 딱히 할일이 없다. 그는 차라리 벽에 비친 자신의 그림자를 신경 쓰는 게 나을지 모른다. 오늘 당신이 생각하는 것을 단호하게 말하라. 그리고 내일은 또 내일 생각하는 것을 단호하게 말하라. 오늘 말하는 것이 어제 말한 것과 모든 면에서 모순된다 해도 괜찮다. "아, 그러면 틀림없이 오해받을 텐데……." 그런데 오해받는 것이 그렇게 나쁜 일인가? 피타고라스도 사람들로부터 오해를 받았다. 소크라테스도, 예수도, 마틴 루터도, 코페르니쿠스도, 갈릴레오나 뉴턴도 마찬가지였다. 육체에 깃든 순수하고 현명한 영혼은 모두 세상으로부터 오해를 받았다. 위대한 인물이 된다는 것은 오해를 받는다는 것이다.

랠프 월도 에머슨

너는 누구인가

인간이 하루 종일 생각하고 있는 것,
바로 그것이 그 자신이다.

랠프 월도 에머슨

뭐가 두렵겠는가

자신의 행동에 대해 지나치게 겁내거나 예민하게 굴지 마라. 모든 인생은 실험과도 같다. 더 많은 실험을 거칠수록 더 좋은 결과를 만들어 낸다. 만일 굵은 실로 성기게 짠 탓에, 코트가 손때를 타거나 찢어진다면 어떻게 해야 할까? 만일 실패해서 더러운 흙탕물에 한두 번 굴러야 한다면 어떻게 해야 할까? 다시 일어서면 된다. 넘어지더라도 다시 일어설 수 있다면 넘어지는 것이 뭐가 두렵겠는가![i]

일의 순간순간마다 자신의 수레를 별에 매어 두고서, 나의 자질구레한 일들을 신들이 직접 해 주시는 것을 바라보는 것, 이것이 인간의 지혜이다.[ii]

i ~ ii 랠프 월도 에머슨

인생 잠언 3

마음처럼 스스로에게 충실한 것은 없으니,
자기 마음이 충고하는 대로 행하라.
인간의 마음은
때로 높은 탑 위에 앉아 있는
7인의 파수꾼보다 더 많은 것을 알려 준다.[i]

백향목처럼 뻣뻣하지 않고,
갈대처럼 잘 구부러지는 사람이 되어라.[ii]

자기만족에 빠지지 않는 자는
성장할 것이며,
자기 생각이 늘 옳다고 확신하지 않는 자는
많은 것들을 배울 것이다.[iii]

덕은 외롭지 않다.
반드시 이웃이 있다.[iv]

최대의 과오는, 어떤 과오를 보더라도 그것이 과오임을
깨닫지 못하는 일이다.[v]

i 《집회서》(구약 외경 중에서 가장 방대하며 초대 교회 사람들이 애독한 문서)
ii 《탈무드》
iii 중국 속담
iv 공자
v 토머스 칼라일

그대가 서 있는 곳이 그대의 세계다

이제 나도 여러분과 마찬가지로 세상에 불필요한 가난과 모멸감에 맞서 싸우게 되었다. 이와 동시에, 내가 믿고 있는 것은 우리가 현재 상황을 해결하지 못한다면 그 어떤 상황도 해결할 수 없다는 것을 수세기에 걸친 인류의 경험이 우리에게 알려 주고 있다는 사실이다. 우리는 이제 열악한 환경에서는 깨끗하고 건강하게 살아 나갈 수 없는, 흰 백합 같은 가냘픈 인간이 되지는 않을 것이다. 우리에게 가장 중요한 것은 어떤 환경이 필요한가가 아니라, 어떤 생각으로 하루를 살아가고 있는가, 어떤 이상을 추구하고 있는가다. 한 마디로, 우리가 진정 어떤 사람인가 하는 점이다. 그렇기에 다음 아랍의 속담은 진정으로 옳다.

"그대가 지금 서 있는 곳이 그대의 세계다."

헬렌 켈러

'조용한 봄'에게 사과를

만약 봄이
1년에 한 번씩 찾아오지 않고,
100년에 한 번씩 찾아온다면?
혹은 봄이 조용히 다가오지 않고,
마치 대지진처럼 갑작스레
엄청난 소리와 함께 찾아온다면?

사람들 모두가
이 기적과도 같은 변화에
놀라움과 기대감을 품게 될 것이다.

헨리 워즈워스 롱펠로

아주 세속적인 지혜의 시

그리고 이 몇 가지 교훈들을

네 기억에 확실히 새겨 두라. 네 생각을 바로 말로 옮기거나

무절제한 생각을 행동으로 옮기지 말라

친밀하게 대하되 결코 헤프지는 말라

네가 사귄 친구들이 사귈 만한 사람들임이 분명하면,

쇠테를 씌워서라도 그들을 네 영혼에 묶어 두라

하지만 갓 알에서 깨어난, 아직 깃털도 나지 않은 자들에게

　　호의를 베풀기 위해

네 손바닥이 닳게 하지는 마라

싸움을 시작하지 않게 조심하되, 일단 싸움에 들어서면

상대가 너를 영원히 조심스러워 하게 만들라

모든 이에게 네 귀를 열어 두되, 네 목소리는 몇몇에게만 들

　　려주라

사람들의 비판을 받아들이되, 네 판단은 아껴 두라

주머니 사정에 맞춰 옷을 사되

너무 요란하고 비싸거나 화려하지 않아야 한다

의복이란 사람의 성품을 나타내는 것이므로

돈을 빌리는 자도, 빌려주는 자도 되지 말라

돈을 빌려주면 돈도 잃고 친구도 잃는다

그리고 돈을 빌리다 보면 절약의 칼날이 무뎌지는 법
무엇보다 너 자신에게 진실하라
마치 밤이 낮을 따라야만 하듯이
그러면 너는 그 누구에게도 거짓이 될 수 없다

윌리엄 셰익스피어

자기 만족의 비결

인생의 기쁨은 내가 어디에 속해 있는가를 알 때 비로소 생겨난다. 자기 만족이 없는 이들은 자기 자신이 아닌 다른 사람이 되려 하거나, 자신이 할 수 없는 일을 하려고 무리하게 애를 쓴다.

자기 만족은 우리에게 반드시 필요한 것으로, 자기 자신을 온전히 받아들일 때 분명히 나타나는 결과다. 또한 스스로를 환경에 맞춰 이런저런 사람으로 변화시키려 하지 않고, 인생의 풍요 앞에 자신을 맡기고 삶이 우리 안에서 그냥 흘러가도록 둘 때 생겨난다.[i]

만족을 얻는 비결은 바로 이것이다. 자신이 할 수 있는 활동 내에서 가능한 자신의 힘과 한계를 발견해 내는 것, 그리고 자신이 얼마나 성공한 사람인지와는 관계없이 자신이 있어야 할 자리에 대해 아는 지혜를 갖는 것이다. 참된 자기 자신이 될 수 있는 용기와 혼자서 당당히 설 수 있는 용기, 다른 누군가가 되려 하지 않는 용기가 있어야 한다.[ii]

i   데이비드 그레이슨
ii 린위탕

자기 길이 있는가

자신이 옳다고 느끼는 대로 행하라. 당신이 어떻게 하든지 다른 사람들은 당신을 비판할 것이다. 자기 생각대로 하든, 하지 않든, 비판받는 것은 마찬가지다.[i]

비평을 참고할 수는 있다. 하지만 그것에 지나치게 몰입해 자신이 표현하려고 했던 것에서 멀어져선 안 된다. 정직함이 예술의 최우선적 조건이기 때문이다. 자기 자신에게 충실하다면 예술이 우리를 실망시키는 법은 없다.[ii]

문제는 우리가 '지금 어디에 있는지'가 아니라, '어떤 방향으로 나아가고 있는지'다. 이것이 이 세상에서 가장 중요한 문제다.[iii]

이 세상은 자신이 가야 할 길이 어디인지 아는 사람에게 길을 내준다.[iv]

i 엘리너 루스벨트
ii 코넬리아 오티스 스키너
iii 올리버 웬델 홈즈
iv 데이비드 S. 조던

모든 것이 기적이다

왜, 누가 기적은 특별한 것이라고 하는가?

내가 아는 모든 것이 기적이다

맨해튼 거리를 걷거나,

건물 지붕 너머 하늘로 시선을 돌리거나,

해변을 춤추듯 출렁이는 물가를 따라 느릿느릿 한가롭게 맨
  발로 걷거나,

숲속의 나무 아래 서 있거나,

내가 사랑하는 그 누군가와 낮 동안 이야기를 나누거나, 내
  가 사랑하는 누군가와 밤사이 잠들거나,

또 다른 이들과 함께 저녁 식탁에 앉아 있거나,

반대편에서 운전하고 있는 낯선 이들을 바라보거나,

뜨거운 여름 오전 힘찬 날갯짓을 하며 벌집 주위를 부지런히
  오가는 꿀벌들이나,

들에서 풀을 뜯는 동물들,

공중을 나는 새와 멋진 곤충들,

조용하고도 밝게 빛나는 석양이나 수줍게 반짝이는 별들의
  멋진 풍광과,

봄날 새로 나온 달의 정교한 곡선을 가만히 지켜보면,

이 모든 것이 내게는 한결같이 기적이요

이 모두가 눈에 띄지만 각자의 자리에 자리하고 있네

내게는 빛과 어둠의 매시간이 하나의 기적이고,
우주의 모든 구석이 기적이며,
사람이 살거나 살지 않거나 땅 위 모든 곳이 충만한 기적으
　　로 덮여 있고,
땅속 어디든 기적으로 가득 차 있네
헤엄치는 물고기부터 단단한 바위, 출렁이는 파도, 사람을
　　싣고 떠나가는 배까지
내게는 바다야말로 끊임없는 기적이네
이 밖에 또 무엇이 기적인가?

월트 휘트먼

가슴이 시키는 대로

그대의 인간다움이 시키는 대로 행동하라. 오직 자신만의 박
　수갈채를 기대하며
스스로 만든 법을 지켜 나가는 자는 가장 고귀한 삶, 가장 고
　귀한 죽음을 맞이하네
그 밖의 다른 모든 삶은 살아 있는 죽음. 아무도 없는 세상에
숨소리, 바람, 선율, 목소리, 딸랑거리는 낙타의 종소리, 환영
　만이 존재하네 [i]

세상에서 사람을 가장 피곤하게 만드는 일이
자신에게 진실하지 않는 것. [ii]
자기 가슴에 솔직하지 못하면,
자신의 즐거움과 모든 관심사는
비현실이 되고 만다.
그의 삶은 결국 그 전체가 연극이 되어 버린다. [iii]

---

i 리처드 버튼
ii 앤 모로 린드버그
iii 너새니얼 호손

머리는 쓸수록 좋아진다

항상 경청하고, 항상 생각하며, 항상 배우라. 이것이 참된 삶의 방식이다. 아무것도 갈망하지 않고, 아무것도 배우지 않는 자에게 인생은 어떤 가치가 있는가.[i]

사람은 더 이상 햇빛에 자신의 그림자를 드리우지 않는 날까지 인생이라는 위대한 모험의 시간을 진리 탐구에 쏟아야만 한다. 만일 마음속에 한 가닥의 의문도 품어 보지 않은 채 생을 마감한다면, 그에게 계속 살아 나갈 이유가 과연 있었겠는가?[ii]

자신의 주장을 결코 굽히지 않는 사람은, 진리보다 자기 자신을 더 사랑하는 것이다.[iii]

뇌는 많이 사용할수록, 더 많은 뇌를 사용하게 된다. 머리는 쓸수록 좋아진다.[iv]

i   아서 헬프스 경
ii 프랭크 M. 콜비
iii 조제프 주베르
iv 조지 A. 도시

아버지의 그늘을 떠나라

우리는 가끔 자신의 현실 모습과는 거리가 멀지만, 자신이 어떤 사람이어야 한다는 이상향을 마음속에 그릴 때가 있다. 진보와 발전을 꿈꾸는 사람에게 이 이상향은 현재의 자신보다 훌륭한 것이다. 보다 현명해지고, 훌륭해지며, 고결해지고 싶은 이들은 결코 현재 자신의 모습에 만족하지 않는다.[i]

아버지의 그늘 밑에 머물지 말라.
이 세계는 언제나 진보하고 있다.
이 세계와 함께 나아가라.[ii]

i 시어도어 파커
ii 주세페 마치니

하늘의 별을 쳐다보면 이 항성들 가운데 그 빛이 내 눈에 도달하기까지 수백만 년 걸리는 것도 있을 거라는 생각이 든다. 그러면서 내가 지금 서 있는 이 지구가 얼마나 작고 보잘것없는 것인지, 또 나를 괴롭히는 조그만 문제들이 얼마나 미미하고 덧없는 것인지 깨닫는다. 나의 여생은 얼마 남지 않았다. 하지만 수천 킬로에 걸쳐 드넓게 펼쳐진 바다나, 끝없이 우주를 항해하고 있는 별의 무리와 나선형 성운도, 수억 년에 걸쳐 계속 존재할 것이다. 그렇기에 누구든 별을 쳐다보면 자기 자신의 소중함에 대해 절실하게 느낄 수밖에 없다.

데일 카네기

내 마음에 힘이 되어 주는 한 문장

누구에게나 마음 한편 깊숙한 곳에 오래도록 남아 있는 문장들이 있을 것이다. 지루한 오후 책장에서 꺼내 든 소설책 한 권에서 우연히 발견한 보석 같은 한 구절일 수도 있고, 평소 나도 모르게 종종 흥얼기리는 노래 가사 한마디일 수도 있다. 언젠가 소중한 친구가 전해 준 편지 속에 담겨 있던 진심 어린 한 문장일 수도, 길을 걷다 얼핏 읽고 지나쳤지만 오랫동안 뇌리에 남아 있는 광고 문구일 수도 있다. 언제였는지 정확히 기억할 수는 없지만, 어느 순간 우리의 마음에 와닿았던 그 한 문장은, 한참을 우리 머릿속에 머물다가 뜻하지 않은 순간 불현듯 떠올라 우리의 마음을 움직인다.

데일 카네기는 스스로 수많은 실패를 경험하면서도 불굴의 투지와 열정으로 실패를 극복하고 결국 성공이라는 값진 열매를 얻게 된 인물이다. 세일즈맨, 연극배우, 교사 등 다양한 직업을 거친 그는 뛰어난 화술로 YMCA 강사로 채용되었고, 성인을 대상으로 한 대화 및 연설에 대한 강의를 시작하게 된다. 사례 중심의 명쾌한 그의 강의는 수많은 이들을 강의실로 끌어모았고, 그는 '데일 카네기 코스'라는 정식 명칭으로 강좌를 만들어 강의를 계속해 나간다. 그 후 카네기 연구소를 설립해 본격적으로 인간 경영과 자기계발 강좌를 개설

하고, 인간관계를 위한 실질적인 기술을 축적해 나갔다. 15년 간 심혈을 기울인 끝에 이 모든 인간관계 원리를 1936년 《데일 카네기 인간관계론》이라는 책으로 출간했으며, 이 책은 전 세계적으로 6천만 부 이상 판매되는 경이로운 기록을 세우게 된다.

다른 무엇보다 그의 강의와 저술은 '동기부여'가 필요한 비즈니스맨이나 세일즈맨, 사업가들에게 큰 도움을 주었다는 점에서 의의가 있다. 데일 카네기는 무언가를 간절히 이루고 싶어 하는 사람들의 마음을 과연 어떻게 움직였던 걸까? 그는 자신이 평소 여러 번 읽고 마음속에 담아 두었던 한 문장 한 문장과 자기 자신의 풍부한 경험, 그리고 미 전역의 수많은 이들이 직접 경험한 사례를 수집해 하나의 이야기로 엮어 냈다. 카네기는 누구든 자신의 이야기를 단번에 이해하고 받아들일 수 있게 만드는 훌륭한 이야기꾼이었다.

카네기가 사람들에게 제시한 삶의 철학은 단순하고 명료했다. 그는 우리가 복잡한 삶에서 접하게 되는 대부분의 문제들에 대해 간단하고 명쾌하게 해결책을 제시했다. 카네기는 평소 겨자처럼 톡 쏘는 말을 좋아했다고 한다. 그는 독서를 하면서 접하게 된 예리한 통찰이나 절묘한 비유들, 혹은 인생 전반에 걸친 철학적인 내용들을 평생 마음속에 새겨 두었다. 그러면서 책에서 얻은 좋은 구절을 강의나 저술 활동에 수시로 활용하면서 요점을 강조하고 내용을 풍성하게 만들었다. 꾸밈없고 솔직한 그의 어조에 더해진 명확한 메시지가 그를 최고의 자기계발 강연가이자 저술가로 만들어 주었던 것이다.

《데일 카네기 비밀의 문장》은 카네기가 중요하게 여겼던 가치들을 중심으로 그가 살면서 마음속 깊이 묻어 두곤 했던 '비밀의 문장'들을 모아 놓은 책이다. 카네기가 평생을 두고 모은 잠언들을 다섯 가지 테마에 맞춰 엮어 냈다. 이렇게 소중한 문장들 하나하나가 모여, 데일 카네기가 우리 모두에게 전하고자 했던 인생의 지혜가 온전히 담긴 한 권의 인생철학서가 되었다. 그는 이 책에서 자신감과 열정, 용기 있는 삶, 걱정과 두려움을 떨쳐내는 법, 친절과 예의를 바탕으로 건강한 인간관계 맺는 법, 끈기와 인내심을 갖고 몰입해서 일하는 삶, 스스로에게 솔직하며 늘 배우는 자세로 살아가는 방법 등에 대해 이야기한다.

이 책에는 공자, 세네카, 처칠, 에머슨, 소로, 휘트먼 등 동서양을 아우르는 현인들의 메시지가 담겨 있다. 이들의 메시지는 시간을 초월해 보편적으로 타당한 '영원한 지혜'처럼 느껴진다. 현인들의 문장은 마치 우리의 현재를 꿰뚫어 보고 쓴 듯, 지금도 살아 숨 쉬고 있는 생생한 이야기처럼 다가온다.

생의 특정 순간, 특히나 어렵고도 힘든 상황에 처해 있을 때 우연히 마주한 문장 하나가 우리에게 살아갈 힘을 줄 때가 있다. 지금까지도 많은 사람들의 삶에 영향을 미치고 있는 데일 카네기. 이 책을 번역하는 내내 그가 존경하는 인물들이 남긴 주옥같은 문장들이 우리의 생각과 삶에 힘이 되어 줄 거라는 생각이 들었다. 개인적으로 이 책에서 나 자신의 마음을 움직인 글귀들, 힘들 때 떠올릴 만한 문장들을 이미 여럿 찾았기 때문이다.

그중에서도 영국 작가 아서 헬프스 경이 남긴 다음의 메시지를 함께 나누고 싶다.

"항상 경청하고, 항상 생각하며, 항상 배우라. 이것이 참된 삶의 방식이다."

한 해를 보내고 또 다른 해를 맞이하는 순간에, 나는 이 글귀를 여러 번 되뇌어 보았다. 그러면서 내게 주어진 한 해를, 더 나아가 앞으로 내게 펼쳐질 미래를 어떤 마음가짐으로 대할 것인지 새롭게 다짐하는 계기가 되었다.

이 책을 마주한 독자 여러분도 마음에 품고 되새길 메시지를 단 하나라도 발견할 수 있다면, 옮긴이로서 그것만큼 가슴 벅차고 기쁜 일은 없을 것이다.

2023년을 시작하며
이정란

'비밀의 문장'의 작가들(본문 첫 등장 순)

* 윈스턴 처칠(Winston Leonard Spencer Churchill), 영국 제61·63대 총리, 노벨문학상 수상자
* 드와이트 아이젠하워(Dwight David Eisenhower), 미국 34대 대통령
* 엘리너 루스벨트(Anna Eleanor Roosevelt), 미국 제32대 대통령 프랭클린 D. 루스벨트의 부인
* 윌리엄 제임스(William James) 미국의 심리학자이자 철학자
* 랠프 월도 에머슨(Ralph Waldo Emerson), 미국의 철학가이자 시상가, 시인
* 엘버트 허버드(Elbert Hubbard), 미국의 철학자이자 작가, 출판인
* 조지프 러디어드 키플링(Joseph Rudyard Kipling), 영국의 소설가이자 시인
* 헬렌 켈러(Helen Adams Keller), 미국의 맹농아 작가, 사회사업가
* 로버트 서비스(Robert W. Service), 영국의 시인
* 마르틴 루터(Martin Luther), 독일의 종교개혁자이자 신학자
* 공자(孔子), 중국의 철학자, 유가학파 창시자
* 헨리 워즈워스 롱펠로(Henry Wadsworth Longfellow), 미국의 시인
* 해리엇 비처 스토(Harriet Beecher Stowe), 미국의 작가이자 노예해방론자
* 윌리엄 페더(William Feather), 미국의 작가
* 토머스 칼라일(Thomas Carlyle), 영국의 비평가이자 역사가
* 미셀 드 몽테뉴(Michel Eyquem de Montaigne), 프랑스의 철학자이자 문학가. 《명상록》 저자
* 프랑수아 드 라 로슈푸코(François de La Rochefoucauld), 프랑스의 고전작가
* 윌리엄 해즐릿(William Hazlitt), 영국의 문학평론가이자 수필가
* 윌리엄 셰익스피어(William Shakespeare), 영국의 대문호, 극작가
* 존 듀이(John Dewey), 미국의 철학자이자 교육학자
* 존 D. 록펠러(John D. Rockefeller), 석유왕. 미국의 기업가
* 해리 에머슨 포스딕(Harry Emerson Fosdick), 미국의 목사
* 에이머스 브론슨 올콧(Amos Bronson Alcott), 미국의 교육자. 《작은 아씨들》의 저자 루이자 메이 올콧의 아버지
* 윌리엄 볼리토(William Bolitho), 남아프리카 언론인이자 작가
* 워싱턴 어빙(Washington Irving), 미국의 소설가이자 수필가

* 플루타르코스(Plutarch), 고대 그리스의 철학자,《영웅전》작가

* 헨리 데이비드 소로(Henry David Thoreau), 미국의 사상가이자 문학자.《월든》저자

* 세네카(Lucius Annaeus Seneca), 이탈리아 고대 로마 제정기의 스토아 철학자

* 체스터필드 경(Lord Chesterfield), 영국의 정치가이자 외교관

* 새뮤얼 버틀러(Samuel Butler), 영국의 작가

* 벤저민 디즈레일리(Benjamin Disraeli), 영국의 정치가

* 호라티우스(Horace, Quintus Horatius Flaccus), 고대 로마의 시인

* 제임스 고든 길키(James Gordon Gilkey), 미국의 목사이자 저술가

* 라인홀드 니버(Reinhold Niebuhr), 미국의 신학자

* 로저 W. 밥슨(Roger W. Babson), 미국의 경제학자이자 기업가

* 프레더릭 로버트슨(Frederick Robertson), 영국의 목회자

* 제임스 가필드(James Abram Garfield), 미국 제20대 대통령

* 도로시 딕스(Dorothy Dix), 미국의 저널리스트이자 칼럼니스트

* 에픽테토스(Epictetus), 고대 그리스 로마의 철학자

* 마르쿠스 아우렐리우스(Marcus Aurelius), 고대 로마 제국 제16대 황제

* K. T. 켈러(K. T. Keller), 미국의 기업가, 크라이슬러 사장

* J. C. 페니(J. C. Penny), 미국의 기업가, JC페니 백화점 창업자

* 호러스 맨(Horace Mann), 미국의 교육개혁가

* 헨리 L. 멩켄(Henry L. Mencken), 미국의 비평가

* 데이비드 그레이슨(David Grayson), 미국의 언론인이자 역사가, 작가

* 칼릴 지브란(Kahlil Gibran), 레바논의 대표 작가이자 철학자

* 칼리다사(Kalidasa), 인도의 극작가이자 시인

* 아널드 베넷(Arnold Bennett), 영국의 소설가

* 시빌 F. 파트리지(Sybyl F. Partridge), 영국의 작가

* 매들린 S. 브리지스(Madeline S. Bridges), 미국의 시인

* 로건 피어설 스미스(Logan Pearsall Smith), 미국계 영국인 수필가이자 비평가

* 존 러스킨(John Ruskin), 영국의 문학평론가

* 프레더릭 랭브리지(Frederick Langbridge), 영국의 시인

* 존 버로스(John Burroughs), 미국의 자연주의자이자 철학자, 수필가

* 로버트 사우스웰(Robert Southwell), 영국의 예수회 신부이자 시인

* 호튼 경(Lord Houghton), 영국의 시인이자 정치가

* 프랜시스 J. 스펠먼 추기경(Cardinal Francis J. Spellman), 미국 가톨릭 사제

* 쇠렌 키르케고르(Søren Kierkegaard), 덴마크 철학자

* 윌리엄 블레이크(William Blake), 영국의 시인이자 화가

* 로버트 브라우닝(Robert Browning), 영국의 시인

* 월트 휘트먼(Walt Whitman), 미국의 시인

* 칼 융(Carl Jung), 스위스의 정신과 의사

* 마크 트웨인(Mark Twain), 미국의 소설가, 《톰 소여의 모험》 작가

* 우드로 윌슨(Thomas Woodrow Wilson), 미국 제28대 대통령

* 에이브러햄 링컨(Abraham Lincoln), 미국 제16대 대통령

* 벤저민 프랭클린(Benjamin Franklin), 미국 건국의 아버지 중 한 명. 출판인이자 작가, 정치인

* 교도소장 루이스 E. 로스(Warden Lewis E. Lawes), 미국의 형벌학자

* 존 워너메이커(John Wanamaker), 미국 워너메이커 백화점 설립자

* 토머스 드라이어(Thomas Dreier), 미국의 작가

* 에밀리 디킨슨(Emily Dickinson), 미국의 시인

* 알베르트 슈바이처(Albert Schweitzer), 독일 출신의 프랑스 의사이자 음악가, 철학자, 신학자

* 노자(老子), 중국의 철학자, 도가학파 창시자

* 이솝(Aesop), 고대 그리스 우화 작가

* 헨리 버튼(Henry Burton), 영국의 신학자

* 윌리엄 워즈워스(William Wordsworth), 영국 낭만파 시인

* 프랭크 어빙 플레처(Frank Irving Fletcher), 미국의 카피라이터

* 필립스 브룩스(Phillips Brooks), 미국의 성직자이자 작가

* 오스카 와일드(Oscar Wilde), 아일랜드의 시인이자 소설가

* 엘리자베스 배럿 브라우닝(Elizabeth Barrett Browning), 영국의 시인

* 애슐리 몬터규(Ashley Montagu), 영국 출생의 인류학자이자 미국 뉴욕대학교, 프린스턴대학교 교수

* 테오필 고티에(Théophile Gautier), 프랑스의 시인이자 소설가

* 생텍쥐페리(Antoine de Saint-Exupéry), 프랑스 작가이자 비행기 조종사, 《어린 왕자》 작가

* 요한 볼프강 폰 괴테(Johann Wolfgang von Goethe), 독일의 대문호

* 새뮤얼 존슨(Samuel Johnson), 영국의 시인이자 평론가

* 토머스 에디슨(Thomas Alva Edison), 발명왕, 미국의 발명가이자 사업가

* 헨리 포드(Henry Ford), 자동차왕, 미국의 자동차 회사 '포드'의 창설자

* 조지 엘리엇(George Eliot), 영국의 소설가이자 시인

* 윌리엄 라이언 펠프스(William Lyon Phelps), 미국의 수필가이자 예일대학교 교수

* 알렉산더 해밀턴(Alexander Hamilton), 미국의 법률가이자 정치인

* 캘빈 쿨리지(John Calvin Coolidge), 미국 제30대 대통령

* 잔 카를로 메노티(Gian Carlo Menotti), 이탈리아 출생의 미국 작곡가

* 헤럴드 W. 도즈(Harold W. Dodds), 미국 프린스턴대학교 제15대 총장

* 알렉산더 그레이엄 벨(Alexander Graham Bell), 영국 태생의 미국 과학자이

자 발명가

* 페렌츠 몰나르(Ferenc Molnár), 헝가리의 극작가
* 조슈아 레이놀즈 경(Sir Joshua Reynolds), 영국의 초상화가
* 로웰 토머스(Lowell Thomas), 미국의 작가이자 여행가
* 토머스 벅스톤 경(Sir Thomas Buxton), 영국의 정치인
* 로이드 조지(Lloyd George), 영국의 정치인
* 넬슨 경(Lord Nelson), 영국의 제독
* 린위탕(林語堂), 중국의 소설가이자 문명비평가,《생활의 발견》저자
* 코넬리아 오티스 스키너(Cornelia Otis Skinner), 미국의 극작가이자 배우
* 올리버 웬델 홈즈(Oliver Wendell Homles), 미국의 의학자이자 문필가
* 데이비드 S. 조던(David S. Jordan), 미국 스탠퍼드대학교 총장
* 리처드 버튼(Richard Burton), 영국의 탐험가이자 작가
* 앤 모로 린드버그(Anne Morrow Lindbergh), 미국의 작가이자 비행기 조종사
* 너새니얼 호손(Nathaniel Hawthorne), 미국의 소설가
* 아서 헬프스 경(Sir Arthur Helps), 영국의 작가
* 프랭크 M. 콜비(Frank Moore Colby), 미국의 교육자이자 작가
* 조제프 주베르(Joseph Joubert), 프랑스의 작가
* 조지 A. 도시(George A. Dorsey), 미국의 인류학자
* 시어도어 파커(Theodore Parker), 미국의 목사이자 신학자, 노예제 폐지론자
* 주세페 마치니(Giuseppe Mazzini), 이탈리아의 혁명가

옮긴이 **이정란**

세상과 사람에 대한 관심으로 사회학을 공부했다. 국민대학교 사회학과를 졸업하고 연세대학교 대학원에서 사회학 석사학위를 받았다. 출판사 에디터로 근무하면서 텍스트로 소통하는 일에 매력을 느껴, 호주 맥쿼리대학교 통번역대학원에서 석사학위를 받은 뒤 현재 전문 번역가로 활동 중이다. 역서로, 《자포스는 왜 버려진 도시로 갔는가》《스파크》《선물의 힘》《나는 나와 이별하기로 했다》《숫자를 읽는 힘》《루디크러스》 등이 있다.

DoM 019

데일 카네기 비밀의 문장
거인의 마음을 훔친 인생 잠언

초판 1쇄 인쇄	2023년 5월 25일
초판 1쇄 발행	2023년 6월 19일

엮은이	데일 카네기
옮긴이	이정란
펴낸이	최만규
펴낸곳	월요일의꿈
출판등록	제25100-2020-000035호
이메일	dom@mondaydream.co.kr

ISBN	979-11-92044-27-9 (03190)

'월요일의꿈'은 일상에 지쳐 마음의 여유를 잃은 이들에게 일상의 의미와 희망을 되새기고 싶은 마음으로 지은 이름입니다. 월요일의꿈의 로고인 '도도한 느림보'는 세상의 속도가 아닌 나만의 속도로 하루하루를 당당하게, 도도하게 살아가는 것도 괜찮다는 뜻을 담았습니다.
"조금 느리면 어떤가요? 나에게 맞는 속도라면, 세상에 작은 행복을 선물하는 방향이라면 그게 일상의 의미이자 행복이 아닐까요?" 이런 마음을 담은 알찬 내용의 원고를 기다리고 있습니다. 기획 의도와 간단한 개요를 연락처와 함께 dom@mondaydream.co.kr로 보내주시기 바랍니다.